Cyfres Codi'r Llenni *yLolfa*

Martha Jac a Sianco
Sgript a Gweithgareddau

Sgript: Caryl Lewis
Gweithgareddau: Catrin Jones

Argraffiad cyntaf 2007
© Yr Adran Addysg Dysgu Gydol Oes a Sgiliau

Awduron: Caryl Lewis a Catrin Jones
Cynllun clawr: Siôn Jones

Comisynwyd y gyfrol gyda chymorth ariannol
Yr Adran Addysg Dysgu Gydol Oes a Sgiliau

Mae hawlfraint ar destun a lluniau'r llyfr hwn ac mae'n anghyfreithlon i'w
llungopïo neu atgynhyrchu trwy unrhyw ddull (ar wahân i bwrpas adolygu)
heb ganiatâd ysgrifenedig y cyhoeddwyr ymlaen llaw.

ISBN: 978 086243 9583

Cyhoeddwyd ac argraffwyd yng Nghymru gan:
Y Lolfa Cyf., Talybont, Ceredigion SY24 5AP
ebost ylolfa@ylolfa.com
gwefan www.ylolfa.com
ffôn +44 (0)1970 832304
ffacs 832 782

MARTHA JAC A SIANCO

a'r awdur Caryl Lewis

Martha Jac a Sianco yw ail nofel Caryl Lewis ac mi enillodd wobr llyfr y flwyddyn yn 2005. Mae Caryl yn enedigol o ardal Dihewyd ac yn byw yn awr ym mhentre Goginan, Ceredigion. Mae hi hefyd wedi ysgrifennu nifer o nofelau ysgafn gan gynnwys *Dal Hi!*, *Iawn Boi?*, *Sgwbidŵ Aur* ac *Y Rhwyd*. Hefyd ymddangosodd nofel *Y Gemydd* yn ddiweddar.

Hanes teulu'r Graig-ddu a gawn ynddi sy'n cynnwys hen ferch, Marged a dau hen lanc, Jac a Sianco. Nhw yw'r prif gymeriadau. Down i'w hadnabod wrth iddyn nhw gyd-weithio ar y fferm, ond yn amlach na pheidio cweryla a rhegi ei gilydd y byddan nhw.

Merch a fagwyd ar fferm yng nghanol Ceredigion yw Caryl ac mi fanteisiodd ar hynny wrth greu darluniau byw i ni o'r tri chymeriad yn plyfio twrcwns, yn cneifio, yn godro ac yn bwydo'r anifeiliaid. Wrth i Caryl gael ei magu mewn cymdeithas glos, cefn gwlad, llwyddodd i ddod i adnabod cymeriadau o bob oedran a llwyddodd i fanteisio ar yr adnabyddiaeth honno o bobl. Cymeriadau, ar ryw olwg, yn perthyn i'r oes o'r blaen ydyn nhw yn y nofel, yn gyfyngedig i'w milltir sgŵar ac yn siarad iaith y Cardi.

Ond eto maen nhw'n gymeriadau diddorol, cymeriadau sy'n ennyn dicter ar adegau ond ar adegau eraill yn annwyl a diniwed.

Creu Martha Jac a Sianco

Cefndir y nofel

Nofel am gefn gwlad yw Martha Jac a Sianco. Nofel sy'n olrhain hanes bywydau dau frawd a chwaer sy'n byw bywyd go feudwyol ar fferm anghysbell ym mherfeddion Ceredigion. Mae'r fam, sydd wedi marw ers blynyddoedd, wedi gadael y fferm a'i heiddo yn gyfartal yn ei hewyllys i'w thri phlentyn gan eu caethiwo ar y fferm tra byddant fyw.

Mae dyfodiad cymeriad o'r enw Judy yn profi i fod yn gatalydd, i wneud i bethau ddechrau newid. Saesnes yw Judy sy â'i llygaid ar gyfoeth Jac, y mab hyna, ac mae hi'n amlwg i bawb, ond i Jac, na all unrhyw ddaioni ddeillio o'r berthynas. Mae gan Martha gariad hefyd, ers ugain mlynedd, ac yng nghorff y nofel, fe welwn ni hi'n troi ei chefn arno er mwyn amddiffyn y fferm a byw ar yr aelwyd er mwyn wynebu bygythiad Judy.

Mae'r nofel yn dilyn treigl y tymhorau. Gwelwn y tri'n cyd-weithio'n aml ar y tasgau arferol ar y fferm ac er bod gwrthdaro chwyrn rhyngddynt weithiau, wrth gyd-weithio roedd cyfle i gynnwys ychydig o hiwmor ac i roi cipolwg ar y bywyd dedwydd y gallen nhw fod wedi ei gael petai eu hamgylchiadau'n wahanol. Wrth i'r nofel ddatblygu, caiff Judy fwyfwy o ddylanwad ar Jac a rhaid i Martha frwydro i gadw'r ddisgyl yn wastad. Dyw Sianco ddim yn deall pob dim a gwylia ef y cyfan drwy ei lygaid mawrion, mewn byd o emosiwn sydd ymhell o gyrraedd Jac a Martha.

Rhesymau dros ysgrifennu'r nofel

Teimlwn fod ffordd arbennig iawn o fyw yn dioddef a diwylliant y fferm fach deuluol yn diflannu – i mi, y fferm deuluol yw asgwrn cefn ardaloedd gwledig Cymru. Mae'r polisïau gwleidyddol o annog ffermydd i greu unedau mawrion o dir ac i droi'r fferm deuluol yn 'fusnes' anferth yn newid diwylliant a ffordd o fyw cefn gwlad. Yn naturiol, caiff iaith y diwylliant ei effeithio ac rydym mewn perygl o golli cyfoeth o eiriau tafodieithol naturiol y brodorion a'u dywediadau sy'n ymwneud â byd natur a ffermio.

Yn bwysicach oll, efallai gwelwn ffordd o feddwl yn diflannu a'r emosiynau arbennig hynny sy'n glwm wrtho. Mae gan gymeriadau sy'n byw ar ffermydd anghysbell gylchrediad emosiynol hollol wahanol – y tymhorau sy'n llywio eu bywydau hwy.

Mae agendor enfawr yn bodoli rhwng y Gymru newydd fodern a'r diwylliant a geir mewn ardal wledig – a disgwylir i fi, fel person ifanc, fod yn rhan o Gymru'r stadiwm a bae Caerdydd a Chanolfan y Mileniwm. Teimlaf ein bod yn rhuthro tuag at ryw rith o Gymru, rhyw Gymru fodern ifanc a'n bod yn anwybyddu neu'n gwawdio'r hen ffordd wledig o fyw trwy ei 'hamboneiddio'.

Roedd arna i eisiau rhoi llais i'r math o gymeriad anweledig does gan y cyfryngau fawr o ddiddordeb ynddo a hefyd efallai i gyflwyno'r llais heb gysgod o losgach – er mwyn dangos bod pobl feudwyol ynysig yn bodoli a'u bod yn dioddef yn aruthrol, ond yn gwneud hynny'n fonheddig.

Creu'r nofel

Dyna rai rhesymau dros ysgrifennu'r nofel ond wrth gwrs, fe fues am fisoedd heb wybod lle i fachu'r stori. Yna, soniodd Mam am fuwch a oedd wedi sugno ei thethe ei hunan ac wedi eu cnoi i ffwrdd. Methais gysgu'r noson honno wrth feddwl am y ddelwedd erchyll 'ma – du a gwyn y fuwch a choch y gwaed. Ganol nos gwnaeth y peth fy nharo i – dyma'r agoriad i'r nofel MJS.

Mae'r fam, sef mam Martha, Jac a Sianco yn y nofel, wedi torri'r cylch naturiol hwnnw o eni/ magu/ cenhedlu/geni. Wrth gadw'r tri'n gaeth i'r fferm, mae hi fel petai wedi atal amser a thorri'r cylch naturiol – yn union fel y gwnaeth y fuwch.

Roedd gen i'r teitl ymhell cyn dechrau ysgrifennu. Rown i'n gwybod mai 'Martha Jac a Sianco' fyddai eu henwau. Y dasg wedyn oedd ceisio rhoi cig ar yr esgyrn. Ceisiais wneud yn siŵr ein bod yn medru cydymdeimlo gyda'r tri. Byddai'n hawdd iawn portreadu Jac fel y bwli, Martha fel yr unig un gall ar yr aelwyd a Sianco fel rhywun 'syml'.

I mi, Sianco yw un o'r cymeriadau mwyaf cymhleth. Mae yna ddiniweidrwydd ynddo ond eto gall resymu a gweithredu'n gyflym. Yn wir, efallai fod Sianco'n gweld ymhellach na neb arall yn y nofel. Rown i eisiau iddyn nhw weithio fel rhyw deulu bach niwclear mewn ffordd, Martha fel y fam, Jac fel y tad a Sianco fel y plentyn. Mae rhai wedi dweud eu bod nhw wedi ffeindio'r ffaith fod Martha a Jac yn galw ei gilydd yn 'chi' yn chwithig, ond ceisio dangos y pellter emosiynol sydd rhwng y ddau rown i ac efallai hefyd dylanwad parchusrwydd Mami arnyn nhw. Dim ond unwaith mae Jac yn defnyddio 'ti' wrth gyfarch Martha yn y nofel – ym mhennod 11 – ac mae hynny'n bwrpasol. Yn y bennod honno, mae Jac yn tresmasu ar deimladau Martha ac mae'r 'ti' bron yn troi'n fygythiad. Mae Martha wrth gwrs yn ei erlid gyda'i phastwn 'chi'. 'Ti' fyddai pawb yn galw Sianco wrth gwrs.

Plotio nofel

Rhaid cyfaddef i ddechrau 'mod i'n ffaelu'n deg ag ysgrifennu nodiadau hirfaith. Bydda i'n gosod rhifau ar bapur gan gynnwys y gwahanol emosiynau y bydda i am i'r darllenydd eu teimlo yn y nofel yn hytrach na'r themâu dwi eisiau iddyn nhw feddwl amdanynt. Felly bydd y cynllun wedi ei grynhoi i ychydig o eiriau ar ddarn o bapur A4 – sydd wrth gwrs yn rhoi harten i'r golygydd! Wedyn rhyw deimlo fy ffordd trwy'r nofel y bydda i wrth ddatblygu'r plot. Weithiau bydda i'n eistedd wrth y ddesg, cau'r llygaid a cheisio chwilio am y teimlad nesaf. Mae'r plot felly yn dod mewn ffordd mwy organic. Yn wreiddiol, roedd gen i ryw fath o syniad y byddai Martha Jac a Sianco'n symud i fyw i'r dref ar ddiwedd y nofel ond yna fe wnaeth Sianco rhywbeth ac fe sylweddolais nad oedd diwedd arall posibl wedyn.

Rwy'n dweud 'fe wnaeth Sianco rhywbeth' oherwydd bod cymeriadau'n dod yn fyw weithiau a gall hynny fod yn rhywbeth reit annymunol neu arswydus. Cyn ysgrifennu MJS rown i'n pallu credu awduron fyddai'n dweud eu bod yn medru colli rheolaeth ar weithredoedd cymeriadau – ond dwi wedi newid fy meddwl bellach. Clywais Stephen King yn dweud ar y radio ei fod weithiau wrth sgwennu yn ffindio ei fod yn ychwanegu ambell fanylyn neu ddisgrifiad heb wybod pam, a'i fod erbyn hyn yn ymddiried yng ngweithredoedd yr isymwybod ond erbyn gorffen y nofel daw'r rheswm am yr ychwanegiadau'n amlwg iddo. Rydym fel awduron yn hoffi meddwl ein bod yn 'defnyddio' ein cymeriadau er mwyn dweud ein stori, ond mewn gwirionedd y cymeriadau sy'n ein defnyddio ni i ddweud eu stori nhw. Felly gyda MJS fe wnaeth y cymeriadau siapio'r plot, ac weithiau ddweud beth oedd yn digwydd.

Mewn ffordd, roedd hi'n anochel felly mai cyfres o 'tableux' efallai yw'r penodau. Ceisio darlunio'r cymeriadau roeddwn i felly a chosi llygad mewnol y darllenydd hefyd yn ogystal â'r meddwl. Dwi'n teimlo weithiau mai 'llun' neu 'polaroid' o stori yw nofel. Mae'r stori yn bod go iawn allan fan yna ac mai copi ydyw nofel.

Themâu'r nofel
Hiraeth

O ran 'themâu', mae'n siŵr mai hiraeth oedd yr un pwysicaf i mi'n bersonol. Dwi wastad wedi credu mai trasiedi bywyd yw ein bod ni'n dilyn un llwybr – rhyw lwybr go gul a ddilynwn yn aml a theimlaf weithiau rhyw hiraeth am y llwybrau hynny na chawson ni gyfle i'w troedio. Gallasai Martha fod wedi symud i fyw gyda Gwynfor a gallasai Jac fod wedi priodi Gwen. A phetai Sianco'n hollol iach, sgwn i beth fyddai ei hanes e wedyn? Beth pe na bai Mami wedi eu caethiwo drwy'r ewyllys?

Creulondeb natur

Mae creulondeb natur hefyd yn fy synnu ac efallai ein bod yn rhamanteiddio natur yn ormodol am ein bod ni bellach wedi ymbellhau oddi wrtho. Pan own i'n groten fach rwy'n cofio gwylio Tad-cu'n tynnu cynrhon allan o gefn oen a synnu a phendroni sut y gallai Duw fodoli os oedd e'n gadael i rywbeth mor ddiniwed ag oen ddioddef gymaint. Rwy'n cofio casglu ŵyn amser wyna a'u llyged wedi eu tynnu gan frain nes eu bod yn edrych fel pe baen nhw'n llefen gwaed. Rwy'n dal i synnu hyd yn oed heddiw at y ddeuoliaeth yma mewn natur – gweld rhywun yn magu a bwydo oen swci un funud a gweld rhywun arall yn blingo oen trig y funud nesa er mwyn gwisgo'r croen am oen arall fel bod dafad arall yn ei fabwysiadu.

Symbolau

Soniais am y fuwch ar y dechrau. Ar ôl defnyddio symbol y fuwch, fe blethais symbolau eraill wedyn i mewn i'r nofel wrth ei datblygu. Daeth y brain yn rhyw symbol o ffawd efallai – ceisiais wneud eu presenoldeb yn frawychus a'u defnyddio'n ogystal fel symbolau i atgoffa'r darllenydd o dynged y cymeriadau. Does dim gobaith, mewn gwirionedd, i'r math hwn o deulu felly roedd presenoldeb y brain yn fy ngalluogi i atgoffa'r darllenwyr o hynny drwy'r nofel. Mae'r frân, wrth gwrs, yn hen symbol mewn llenyddiaeth Gymraeg, gan fynd â ni'n ôl i Gatraeth a'r Gododdin.

Rwy'n hoff o adar. Maent yn llawn bywyd ac yn trydar yn fywiog cyn diflannu wrth farw fel pe na buasen nhw erioed wedi bodoli.

Daeth yr hwrdd a'i gyrn yn gwasgu i mewn i'w ben, a'r oen yn llawn cynrhon yn ei gefn yn symbolau o ddioddefaint.

Defnyddiais y dderwen fawr yn y cae i ddod â chymeriad Martha'n agosach at y darllenydd. Mae'r goeden yn symbol o gadernid a ffyddlondeb. Closia Martha yn agosach fyth at y dderwen erbyn y diwedd – wrth i freichiau noeth y dderwen ollwng ei dail fel dagrau tra bo Martha fel petai'n priodi'r fferm gan wisgo'r fodrwy ar ei bys priodas a gwisgo gŵn wen fel priodferch.

Mae tynged Sianco, wrth gwrs, wedi ei blethu gyda'r bwgan brain. Fel y bwgan brain, mae Sianco'n ymddangos fel petai 'run peth â phawb arall ond mae ganddo wendidau ac mae'n hollol ddiniwed. Mae straeon Sianco a'r bwgan brain yn plethu fwyfwy wrth i'r nofel ddatblygu. Mae'r bwgan hefyd yn fodd o drafod crefydd efallai. Teimlais nad oedd lle i grefydd gonfensiynol yn y nofel gan fod creulondeb natur mor hollbresennol. Nid darlun rhamantus o gefn gwlad a geir. Mae teulu'r Graig-ddu wedi eu claddu ar glawdd y fynwent fel petaent yn anfodlon gadael y Graig-ddu am y bedd. Mae yna blentyn wedi ei gladdu yn y clawdd rhwng y Graig-ddu a Thyddyn Gwyn – yn y llwyn felly. Mae cysgod y bwgan yn taflu ei gysgod i lawr ar gorff Jac pan gaiff drawiad a Sianco'n curo'r bwgan yn ei rwystredigaeth, cyn sylwi ar natur yn ei holl lawnder wrth i'r llo bach newydd sugno cadair y fuwch wen – fel petai'n gwawdio'r hyn a ddigwyddodd. Efallai fod yna ddyhead i droi yn ôl at y groes yn y diwedd – yn yr awr olaf – ond mae bwgan wedi ei hoelio ar y groes yng Ngraig-ddu.

Portreadu'r anifeiliaid
Fe geisiais hefyd gyflwyno'r syniad o osod tebyg wrth ei debyg – sef portreadu'r anifeiliaid ar y fferm a'u plethu gyda'r cymeriadau. Mae'r cathod bach yn cael eu poeni a'u lladd ac yn marw cyn medru cael y cyfle i agor eu llygaid – yn debyg iawn felly i'r tri yn y Graig-ddu. Geiriau cyntaf Jac ydyw, 'dewch nawr te neu fe fydd hi wedi goleuo cyn i ni gyrraedd', ac yn wir dyw Jac na Sianco ddim yn cyrraedd – ddim yn llwyddo i agor eu llygaid, mewn gwirionedd. Mae ci Jac yn gweithio'n galed ac yn ffyddlon, ond mae'n rhaid i Jac ei ddysgu. Caiff ci Sianco wneud fel y mynno ond ci Jac sy'n udo amdano yn y diwedd. Ceisiais greu cysylltiad hefyd rhwng y gath anffyddlon a Judy a'i hewinedd hir melyn.

Y Problemau – wrth ysgrifennu'r nofel
Sut roedd ysgrifennu nofel am gymeriadau meudwyol nad oedd braidd byth yn mynd i unman nac yn dweud dim wrth neb? Sut roedd gosod y teulu mewn cymdeithas er bod y gymdeithas bellach wedi gwanhau gymaint? Roedd rhaid imi droi at y gorchwylion ar y fferm a throi at fyd natur i greu strwythur. Cyfnod y nofel felly yw blwyddyn waith ar y fferm ac roedd y tasgau beunyddiol hyn yn fy ngalluogi i ddangos, er yr holl wrthdaro, bod yn rhaid i'r cymeriadau gyd-weithio a chyd-dynnu yn y bôn oherwydd natur y gwaith ar y fferm. Roedd modd ychwanegu darnau o hiwmor wedyn hefyd a dangos y cyd-dynnu hwn – rhaid sicrhau seibiant i'r darllenydd rhag y cecru diddiwedd.

Mwynheais ysgrifennu am natur yn ei holl ogoniant ac am ei erchyllterau. Drwy'r pethau od a rhyfedd sy'n digwydd o fewn byd natur cefais gyfle i fedru allanoli teimladau'r cymeriadau gan adlewyrchu emosiynau'r cymeriadau mewn byd natur. Weithiau roedd modd gwrthgyferbynnu'r gefnlen a'r digwyddiad. Caiff Jac strôc ynghanol llawnder a gogoniant y cae barlys ac mae Martha'n gwrthod Gwynfor wrth i fylbiau'r gwanwyn ddechrau egino. Weithiau, roedd modd uno'r ddau – wrth i Martha a Sianco eistedd yn y cae barlys, a hwnnw wedi pydru, cyfaddefa iddi gael plentyn yno.

Un broblem arall gododd oedd fy hoffter i o Martha. Roedd hi'n hawdd glynu wrth Martha gan mai hi yw'r cymeriad mwyaf gwastad er mwyn dweud y stori. Bu'n rhaid imi gefnu arni weithiau, a gwneud mwy o sylw o Jac a Sianco gan mai nofel yn y trydydd person ydi hi. Roedd hyn yn anodd ond wrth wneud hynny, fe fedrais edrych ar gymeriadau fel Wil ac Emyr a thynnu'r rheiny i mewn i wead y stori.

MARTHA JAC A SIANCO

CHWE GOLYGFA ADDAS I'W PERFFORMIO AR LWYFAN

BYDD SGRIPT DELEDU O'R UN GOLYGFEYDD AR DUDALEN 21

GOLYGFA 1

Mae yna wal fach o ffens weiar ar flaen y llwyfan. Ar y gefnlen, mae lleuad llawn anferth sy'n goleuo ac yn tywyllu drwy'r ddrama. Mae grisiau yn mynd i fyny at blatfform uchel sy'n llenwi'r llwyfan (ar gyfer golygfeydd – stafell wely a grisiau'r storws). Ar flaen y llwyfan mae cegin a bwrdd ac o flaen honno wedyn, mae soffa binc a ffenest. Mae hi'n dywyll ac wrth i'r lleuad suddo mae hi'n raddol oleuo. Clywn sŵn traed ar ffordd garegog ac anadlu swnllyd.

Jac: Dewch nawr te, myn uffarn i, ne bydd hi 'di goleuo cyn i ni gyrradd…

Sianco: F… f… fi ff… ffeili gweld…

Martha: Dewch nôl â'r gole na fan hyn, Jac, er mwyn Duw, ne byddwn ni 'di torri'n coese'n tri.

Caiff y tri eu hamlygu gan y goleuadau llwyfan – yn eistedd yno a'u cefnau at y gynulleidfa.

Jac: Fe ddalwn ni'r diawled nawr… a pan gaf i afel ynddyn nhw…

Martha: Jac achan, dos dim prawf bod neb yn neud dim byd iddi…

Jac: Peidwch â dangos 'ych hunan yn dwp… ma rhyw ddiawl yn neud rhywbeth…

Sianco: Os rh… rh… rhaid i ni aros fan hyn drw'r nos… ?

Martha: Bydd ddistaw nawr, Sianco…

SAIB

Sianco: Ma hi'n oer…

Martha: Shshshshsh… Wel i fi'n meddwl 'i bod hi 'di dala'i thethe mewn weiren bigog…

Tawelwch tra bod Jac yn crynu yn ei dymer. Mae Sianco yn dechre chwyrnu.

… ne ma hi'n mynd trwy'r trash a'u tynnu nhw…

Jac: DRYCHWCH!

Jac yn neidio a Sianco'n dihuno'n sydyn. Mae Jac yn codi. Mae Martha'n ceisio codi trwy dynnu ar y weiren ac yna'n rhoi help llaw i Sianco.

Sa i 'di gweld y fath beth eriod! Buwch yn ca'l blas ar 'i lla'th 'i hunan! Ma rhwbeth yn bod ar 'i phen hi, sdim dowt…

Martha: Wel, wel, wel, beth wede Mami am hyn?

Mae'r lleuad wedi suddo'n ara a golau gwan y wawr yn goleuo'r llwyfan. Clywn sŵn adar bach yn trydar.

GOLYGFA 2

Cegin. Clywn sŵn bacwn yn ffrio. Mae Martha'n sefyll wrth y stof. Daw Jac i mewn ac eistedd wrth y ford yn flinedig, gan rwbio'i ben. Mae Martha yn rhoi ei frecwast o'i flaen heb ddweud gair.

Jac: Ody'r dyn 'na'n dod heno 'to te?

Martha: Gwynfor yw 'i enw fe Jac…

Jac: Ma fe wedi bod yn dod 'ma nawr ers blynydde…

Mae Jac yn dechrau bwyta. Aiff Martha i dorri bara menyn yn erbyn ei brat.

Jac: … o'r crugyn o'r dynion mas 'na… odd rhaid i chi ddewis un mor ddiddim?

Martha: Byddwch ddistaw nawr te, Jac… i fi'n gweud dim am ych busnes chi… a ma digon o hwnnw i ga'l, yn ôl pob sôn…

Jac: Beth?

Daw Martha â'r dafell o fara menyn draw a'i slapio ar blât o flaen Jac.

Jac: Geithe chi le da 'da fe…

Mae Jac yn gwthio'i blât oddi wrtho ac yn dechrau rhowlio sigarét.

Bwti fod yn bryd i chi neud rhywbeth…

Clywir sŵn dryll yn atseinio dros y llwyfan.

Beth uffarn?

Martha: Sianco!

Mae'r ddau'n rhuthro allan a'i stôl yn hedfan wrth i Jac ruthro.

GOLYGFA 3

Mae Sianco'n eistedd ar stepen y storws a'r dryll ar draws ei gôl. Daw Martha i'r llwyfan a chlosio ato. Mae hi'n eistedd ar ei bwys. Mae dwylo Sianco dros ei lygaid.

Martha: Sianco? Sianco?

Edrycha Sianco arni, yn amlwg wedi bod yn llefen.

Beth ot ti'n neud rhywbeth fel'na nawr te, gwed?

Sianco: Fi… f… fi'n s.s.s.sori Martha… O… O… On i'n meddwl byrste hi heb dethe…

Martha: Drycha ar dy olwg di…

Mae Martha'n tynnu hances o boced ei brat ac yn ei roi i Sianco. Daw Jac i'r llwyfan yn gynddeiriog.

Jac: Beth uffarn o't ti'n neud rhywbeth dwl fel'na, y twpsyn?

Mae Sianco'n cilo'n weledol oddi wrth Jac. Cydia Jac yn y dryll.

Gewn ni byger ôl 'da'r ministry nawr, ti'n clywed? Ac os odd rhaid iti 'i saethu ddi pam na allet ti fod wedi 'i saethu ddi lan yn y ca mas o'r ffordd?

Martha: Calliwch nawr te, Jac…

Jac: Callio? A'r blydi twpsyn 'ma?...

Martha: Odd e ddim yn lico'i gweld hi'n diodde… allith y crwt ddim help…

Jac: Blydi crwt? Ma fe dros 'i hanner cant, er mwyn Duw! Odd dim taro ar y fuwch 'na, odd hi'n iawn…

Martha: I chi'n 'i ypseto fe Jac…

Jac: Geith y diawl 'i ypsetio nawr…

Mae Jac yn cydio yng ngholer Sianco. Mae Sianco'n sgrechian a Martha'n gweiddi, cyn i'r llwyfan dywyllu.

GOLYGFA 4

Cegin Graig-ddu. Mae Sianco'n eistedd wrth y 'tân' a'i lygad yn ddu. Mae Jac yn eistedd wrth y ford a Martha wrth y stof. Daw cnoc ar y drws. Gwynfor sydd yno a bwnsied mowr o flode lliwgar – mewn gwrthgyferbyniad braidd gyda'r gegin dywyll. Mae Martha'n sychu'i dwylo yn ei brat cyn ymddangos ychydig bach yn swil wrth gymryd y blode.

Martha: Eisteddwch…

Jac: Dim ond isdedd ma hwn yn neud Martha… y gentleman farmers 'ma…

Gwynfor: Shwd wyt ti de, Jac?

Jac: Shwt ti'n disgwyl i fi fod, Gwynfor? Dim ond fi sy'n ffit i weitho 'ma a fi ddim yn mynd damed yn ifancach…

Gwynfor: Wel, ma fe'n dod i ni i gyd… a weden i bo chi'n lwcus iawn – Martha i neud y gwaith papur ac edrych ar ych ôl chi, a Sianco i helpu…

Jac: Hy…

Dyw Sianco ddim hyd yn oed yn codi'i ben.

Gwynfor: Weles i Jams lladd-dy ar y ffordd 'fyd… Ych chi 'di ca'l bach o drwbwl…

Jac: On'd yw newyddion da'n tryfeili'n gloi…

Gwynfor: Buwch yn sugno'i thethe'i hunan… wedodd e… dow dow…

Jac: Brid newydd twel, Gwynfor… tit-less cow… beth od na 'set ti 'di clywed amdanyn nhw – ti 'di clywed am bopeth arall..

Martha: Dewch nawr te… bytwch… ma 'na ddigon i ga'l 'ma…

Gwynfor: Wel, ma pethe od yn galler digwydd… a sôn am hynny… fe glywes i fod 'da chi lady-friend i ga'l Jac…

Mae Martha'n codi ei phen yn sydyn wrth osod bwyd ar y ford.

Jac: A phwy wedodd 'ny wedyn te?

Gwynfor: Aderyn bach…

Jac: Well i fi fynd mas â twelve bore at yr adar 'na… cau 'u clap a'u trydar nhw…

Martha: Gwynfor… cwpaned o de?

13

GOLYGFA 5

Gwynfor a Martha ar y soffa binc ar flaen y llwyfan. Mae gan y ddau gwpaned o de ar soser ar eu pengliniau. Mae Jac a Sianco'n dal i'w gweld yn y tywyllwch. Mae Sianco'n codi hanner ffordd drwyddo ac yn mynd allan cyn ail-ymddangos yn y ffenest ar bwys y soffa binc. Mae'n gwrando cyn mynd yn ôl i eistedd yn ofnus wrth ymyl Jac.

Martha: I fi wedi bod yn meddwl am rywbeth… yn ddiweddar…

Gwynfor: (yn obeithiol) O?

Martha: Ma ise neud rhyw newidiade bach… licen i ddysgu whare'r piano…

Gwynfor: (mewn penbleth) Piano?

Martha: Ie… odd Mami wastad wedi dysgu chware'r piano… pan odd hi'n forwyn yn Treial… fydde hi a'r merched erill yn mynd i chware piano'r fistres… gallen i ddysgu… sdim rhaid cal gwersi, os e?

Gwynfor: Martha?...

Martha: Fydden i ddim yn hir yn dysgu se'n i'n ca'l piano fan hyn…

Gwynfor: Martha, bydde'n dda 'da fi 'se chi'n gweud wrth Jac 'mod i ise'ch priodi chi… ac wedi bod ise ers blynydde… ma fe siŵr o fod yn meddwl 'mod i'n… wel… wi'm yn gwbod beth…

Martha: Gadwch iddo fe feddwl beth licith e…

Gwynfor: 'Nes i aros i bethe setlo ar ôl ych Mam… ond chi'n gwbod allwn ni ddim cario mlaen fel hyn… licen i 'se chi'n dod i Droed-rhiw… fi'n gwbod bo ni'n rhy hen i… ond fc fydden ni'n gwmni…

Martha: Cwmni?

Mae Gwynfor yn rhoi ei gwpaned o de i lawr ac yn closio ati.

Gwynfor: Dewch ata i, Martha. Erbyn hyn ryn ni'n nabod ein gilydd yn ddigon da… ma ise rhywun arna i i dyfu'n hen… henach gyda… Sda fi ddim modrwy ond gallwch chi ddewis un…

SAIB

Martha: Ond, fe wedodd Mami…

Gwynfor: Anghofiwch am Mami am eiliad er…

Mae Gwynfor yn cicio'r cwpan sy ar y llawr.

Martha: Drychwch!

Gwynfor: Gadewch y cwpan fod, Martha…

Martha: Ma fe ym mhobman…

SAIB

Martha: (yn ara a heb edrych ar Gwynfor)
Gallen i roi'r piano yn y cornel, ac wedyn fe nawn i chware i chi pan ddeithech chi draw…

Gwynfor: Fi'n gweld…

Mae Gwynfor yn rhwbio'i ben. Mae Martha'n codi ac yn dechrau sychu'r te oddi ar y llawr. Gwynfor yn codi i adael.

Dyw hyn ddim yn deg, Martha… ddim yn deg arna i nag arnoch chi… bydd rhaid i chi neud penderfyniad… fe wna i roi amser i chi feddwl… fydda i ddim draw am yn hir, cofiwch… ddim am yn hir… i chi gal amser i feddwl yn iawn…

Mae Gwynfor yn edrych arni hi ac yn tynnu cap o'i boced gan chwarae gyda fe yn ei ddwylo cyn ei wisgo.

Ddim am yn hir cofiwch…

Mae Gwynfor yn gadael trwy'r gegin. Mae Jac yn ei weld yn mynd. Daw Jac at y soffa lle mae Martha'n dal i sgrwbio.

Jac: Chi fel donci, chi'n gwbod 'ny?

Mae Sianco'n sefyll y tu ôl iddo ac yn ypsetio wrth glywed y ddau.

Gelech chi le da 'da fe. Fi wedi gweud a gweud…

Martha: Mas o dan drad ife, Jac?

Jac: Dos dim byd i chi 'ma rhagor, Martha. Pam na welwch chi 'ny?

Sianco: Shshshshsh!

Mae Sianco'n troi ar ei sawdl ac yn rhedeg mas.

Martha: Pam na welwch chi na alla i fynd o 'ma te Jac?

Jac: Na fe, byddwch fel'na… fi'n mynd…

Martha: A ni gyd yn gwbod i le, on'd 'yn ni Jac?

Mae Jac yn troi i adael.

Jac: A fydda i ddim nôl heno, chwaith…

Martha: Fe ddiolchwch i fi rywbryd, Jac… fe weda i gyment a 'na 'tho chi… fyddwch chi'n diolch rywbryd…

Clywn y drws yn cau gyda chlep.

GOLYGFA 6

Martha'n chwilio am Sianco. Clywir sŵn ci'n cyfarth yn ddi-ben-draw.

Martha: Sianco!? Sianco?

Mae Sianco'n penlinio ar y llawr yn yr ydlan. Mae yna gathod bach wedi trigo o'i gwmpas. Fe â Martha i eistedd ar ei bwys. Mae Sianco'n llefen.

Sianco: M... M... Ma'n dd... dd... rwg 'da fi Martha...

Martha: Druan â'r pethe bach...

Sianco: F... F... Fe odd Bob yn c... c... cyfarth a c... c... cyfarth nes bo nhw'n cwmpo i'r llawr i gyd...

Martha: Wi'm yn credu bydden nhw wedi para'n hir yn y lle 'ma beth bynnag Sianco bach...

SAIB

Sianco: M... M... ma nhw'n edrych fel bo nhw'n cysgu...

Mae Sianco'n cydio yn un o'r cathod bach ac yn ei maldodi.

M... M... Ma'n ddrwg 'da fi am y fuwch...

Martha: Ma hi'n eitha reit...

Sianco: A ma'n ddrwg 'da fi am G... G... G... Gwynfor...

Mae Martha'n edrych yn syn ar Sianco am eiliad.

Martha: Ot ti'n edrych trwy'r ffenest... ?

Mae Sianco'n nodio. Mae Martha'n cydio mewn cath fach arall ac yn ei maldodi hefyd.

Bydd pethe'n eitha reit...

SAIB HIR.

Mae Sianco'n cofio am rywbeth am eiliad ac mae ei wyneb yn llonni. Mae'n ymbalfalu yn ei boced.

Sianco: C... Co! Co!

Martha: Beth?

Mae Martha'n rhoi'r gath fach lawr.

Sianco: B... B... B... Bylbs lili wen fach i chi erbyn y g... g... gwanwyn...

Sgript Deledu

Ail-greu Martha Jac a Sianco ar ffurf sgript deledu

Sylwadau Caryl Lewis ar sgriptio:

Sylwadau cyffredinol

Rhaid 'ail-greu' wrth newid nofel yn ffilm yn hytrach nac 'addasu' gan fod newid nofel i weithio ar y llwyfan neu ar y sgrin yn brosiect hollol newydd. Rhaid dadadeiladu stori, gan ddefnyddio arfau technegol gwahanol a mynegiant hollol wahanol.

Rhaid derbyn na fydd ffilm na drama byth yn union fel y ddelwedd ym mhen yr awdur wrth iddo ei hysgrifennu, na'r darlun chwaith ym mhen y darllenydd gan fod rhaid rhoi cnawd i'r cymeriadau a lleoli'r cwbwl mewn un lle. Rhaid felly edrych ar y dasg fel prosiect gwahanol – ei thynnu'n ddarnau cyn ei hailffurfio a'i hailsgwennu mewn mannau. Fel awdur mae hyn yn medru bod yn broses boenus ofnadwy – teimlwn fy hunan yn adweithio yn erbyn rhyw benderfyniad ac yn gorfod gofyn y cwestiwn, ai fi'r awdur amddiffynnol sy'n adweithio, neu a oedd yno broblem ddilys?

Rhaid hefyd ystyried agwedd ac anghenion y gwyliwr wrth wylio ffilm. Dwi'n meddwl ei bod hi'n deg dweud ein bod ni'n fodlon derbyn rhai pethau mewn nofel nad ydyn ni mewn ffilm neu ar lwyfan. Ydyn ni'n mynd i dderbyn, gyda Judy bellach yn y cnawd, y gall hi lwyddo yn y ffilm fel yn y nofel i ddwyn y 4X4 a'r arian cyn diflannu yn ôl at ei gŵr? Mewn ffilm ac mewn drama dyw'r person drwg bron byth yn llwyddo. Felly, mae Judy'n broblem. Hi yw'r cymeriad mwyaf annymunol, ac i mi, anniddorol gan ei bod hi'n llawer llai cymhleth na'r tri arall. Ond mewn ffilm ac mewn drama mae hi'n bwysig, gan mai hi yw'r catalydd, hi sydd yn cythruddo. Hi sy'n gwneud i bethau ddigwydd a hi sy'n creu gwrthdaro felly mae'n rhaid dod o hyd i ffordd i'w chynnwys ond gan osgoi ei chynnwys yn ormodol.

Mae hi'n ychwanegu at y broblem ieithyddol hefyd. Wrth ysgrifennu'r nofel ceisiwn beidio â'i chynnwys mewn penodau er mwyn osgoi gor-ddefnyddio'r iaith Saesneg. Rhaid ystyried hyn hefyd mewn ffilm ac ar y llwyfan. Rhaid sicrhau bod Judy a'r byd modern mewn gwrthgyferbyniad â'r hen drefn ond gan wneud yn siŵr nad yw hynny'n ymddangos yn chwithig.

Mewn ffilm a drama collir y naratif yn gyfan gwbl, felly rhaid ail-adeiladu'r naratif mewn ffyrdd gwahanol sy'n broblem mewn penodau lle nad oes neb yn dweud gair. Yn y nofel, fe ddysgwn dipyn am Jac wrth iddo hyfforddi ei gŵn a'r cyfan mewn naratif wrth gwrs. Anodd iawn felly dangos y broses fewnol hon ar lwyfan neu ar sgrin. Un ffordd o greu awyrgylch yw drwy ddefnyddio corff y cymeriad yn hytrach na thrwy eiriau.

Un broblem sylfaenol arall yw amser. Gall darllenwr nofel, gan ei bod yn ei ddwylo, fynd yn ôl i bennod arbennig os gwnaiff anghofio enw cymeriad neu'r hyn a ddywedwyd gan gymeriad. Mae ffilm a drama yn llawer mwy llithrig. Mae'r geiriau'n diflannu'n union wrth iddyn nhw gyrraedd y sgrin neu wrth adael genau'r actor. Felly, rhaid peidio â dibynnu'n ormodol ar gof y gynulleidfa. Does dim gobaith gan wyliwr na chynulleidfa gofio enw cymeriad y cyfeiriwyd ato awr ynghynt. Rhaid eu hatgoffa am sefyllfa yn aml a chynnwys digon o gyfeiriadau er bod rhaid sicrhau nad ydynt yn glogyrnaidd nac yn rhy amlwg.

Fel mewn nofel, gellir defnyddio symbolau mewn ffilm ac ar lwyfan, ac yn wir, gall symbolau fod yn fwy effeithiol nag mewn print ond rhaid bod yn ofalus. Fe all symbol sy'n codi droeon yng nghefndir nofel weithio. Ar y sgrin ac ar lwyfan, gallwn syrffedu o weld yr un peth droeon – mewn ffordd, mae gennym ni lai o amynedd gyda symbolau gweledol na gyda rhai geiriol.

Yr Addasu

Y cam cyntaf oedd cribo trwy'r nofel a chasglu'r hyn a oedd yn ffurfio cnewyllyn y stori'n emosiynol i mi – y pethau hanfodol i ddweud stori'r tri chymeriad yn emosiynol. I mi roedd y badell ar y llawr yn bwysig, y piano i Martha, ac i Sianco'r darn lle mae'n gofyn i Martha 'Pryd fyddan nhw'n dod lan,' wrth edrych ar ei deulu sydd wedi eu claddu ayyb… Wedi paratoi'r rhestr roedd yn rhaid edrych ar y patrymau roedden nhw'n eu ffurfio.

Rwy'n gweld siâp hollol wahanol i ddigwyddiadau mewn drama o'u cymharu â digwyddiadau mewn nofel. Mae drama, i mi, yn symud ar siâp ton – yn codi a disgyn drwy'r amser. Mae'r symud ymlaen, sydd mor bwysig mewn drama, yn ein tynnu tuag at linell lle mae'r emosiwn ar ei uchelfannau ac yna at ddyfnderoedd bob yn ail. Mae nofel ar y llaw arall yn fwy llonydd o ran siâp ac yn ddyfnach fel arfer. I mi, dwi'n edrych ar y nofel fel haenau o gerrig mewn craig a'r haenau hynny i gyd yn bodoli ac yn digwydd ar yr un pryd.

Rhaid i ffilm ddatblygu er mwyn dal sylw'r gwyliwr, felly roedd hi'n anodd trosglwyddo stori eitha llonydd i fod yn fwrlwm o ddigwyddiadau sy'n hollbwysig mewn ffilm. Gan fod y nofel yn glynu wrth ddigwyddiadau calendr a thymhorau'r fferm gyda phob dim yn digwydd yn ei bryd, anodd fu torri ar drefn y digwyddiadau ond roedd yn rhaid gwneud. Bu'n rhaid felly dethol y digwyddiadau pwysicaf ar y fferm a'r digwyddiadau fyddai'n gyrru'r stori ymlaen. Rhaid oedd weithiau meddwl am ffyrdd newydd o drin y tymhorau er mwyn gwneud pethau'n haws.

Y peth mwyaf diddorol dwi'n meddwl yw'r lefel o amwysedd rydyn ni'n fodlon ei dderbyn mewn ffilm. Rwy wedi sôn eisoes bod nofel yn fwy ar ffurf haenau o ystyr. Rydyn ni'n aml yn derbyn sawl gwahanol ystyr i air mewn nofel neu'n tynnu arwyddocâd lluosog o ddigwyddiad – ond mewn ffilm, gall hyn beri dryswch. Ydy Jac wedi cael gair gyda Gwynfor er mwyn ei annog i fynd â Martha o'r Graig-ddu…? Ydy Martha'n lladd ei hun ar ddiwedd y ffilm, neu ydy hi'n dal i frwydro? Fydd y dderwen yn egino unwaith eto? Fydd Wil a hi yn dod i gydnabod yr hyn sydd wedi digwydd rhyngddyn nhw? Rhaid felly ymrwymo i'w deall mewn un gwrandawiad a bod ychydig yn llai amwys – eto, rhaid ceisio gwneud hyn heb golli cymhlethdodau'r cymeriadau.

Mae'r diweddglo yn enghraifft ddiddorol o hyn. Does dim gwenwyn ar ôl i Martha ei gymryd beth bynnag, felly allith hi ddim gwenwyno ei hunan. A fyddai hi'n gwneud hynny pe bai yno wenwyn? Dwi'n meddwl efallai fod tamaid mwy o stamp ynddi na hynny. Wrth fynd yn ôl at ddisgwyliadau'r gwyliwr – dwi weithiau'n flin iawn iawn pan fydda i'n cyrraedd diwedd ffilm neu ddrama ac mae rhywbeth erchyll yn digwydd. Rych chi'n eistedd yno yn meddwl, 'Dos bosib ei bod hi'n gorffen fel'na.' Rwy'n cofio cyrraedd diwedd *House of Sand and Fog* a theimlo'n flin am wythnos gyfan! Ond eto, dyna'r ffilmiau rydyn ni'n eu cofio. Mae diweddglo mwy hapus neu obeithiol fel anesthetig – rydyn ni'n hapus ond yn fuan iawn byddwn yn anghofio am y profiad.

Er bod rhai elfennau yn y ddau gyfrwng gweledol yn ein caethiwo – maen nhw'n cynnig cyfle newydd hefyd. Er ein bod yn colli'r naratif rydyn ni'n ennill trwy naratif o ddelweddau. Er enghraifft, gallwn ddisgrifio'r blodau yn cau am y nos am dudalen gyfan, ond mewn ffilm caiff hyn ei ddarlunio mewn hanner eiliad a chyfle i greu deialog newydd – sef y ddeialog rhwng y delweddau ar y sgrin. Gallwn ddefnyddio'r ddeialog hon i gyferbynnu neu i gyd-fynd â deialog y cymeriadau – oen swci gyda Martha tra bo Jac yn blingo oen y tu allan. Rhaid felly ailadeiladu haenau o'r nofel mewn ffyrdd gwahanol a defnyddio arfau newydd gweledol.

Mae ar lwyfan theatr gyfle i fod yn greadigol a chyfle i roi pwyslais ar eiriau – nid yw'r cyfle hwnnw'n bodoli ar set ffilm. Gellir ail-greu drama'n ddiddiwedd. Un dehongliad a geir mewn ffilm – y modd y llefarodd yr actor y gair wrth iddo ef neu hi gael ei ffilmio. Mae drama'n tyfu ac yn aeddfedu dros amser. Mae'r berthynas rhwng actor a chynulleidfa hefyd yn wahanol iawn i'r un rhwng yr actor mewn ffilm a'r gwyliwr. Mae rhyw uniongyrchedd ac agosatrwydd ar lwyfan sydd yn amhosib ei gael mewn ffilm.

Rhaid meddwl am y byd materol am arian a busnes wrth sgriptio'n broffesiynol. Mae rhyddid mewn nofel i ddisgrifio unrhyw beth yn y byd ond rhaid cyfiawnhau pob golygfa mewn ffilm. Mae hi'n ddrud i greu golygfa newydd lle nad oes fawr o ddim byd yn digwydd na fawr o ddatblygiad yn y stori.

Rhaid chwilio am hunaniaeth i'r ffilm neu'r ddrama. Gellir cael llwythi o gyfeiriadaeth at weithiau awduron eraill mewn nofel. Mae pob gair yn ddwfn o ystyron o ganlyniad i'r cysylltiadau â'r gweithiau llenyddol eraill hynny. Gellir chwarae gyda'r gyfeiriadaeth hon mewn ffilm hefyd a thynnu oddi ar brofiad y gwylwyr wrth wylio ffilmiau eraill neu dynnu oddi ar arddulliau dramâu eraill.

GOLYGFEYDD ADDAS I SGRIPT DELEDU

(A) SGRIPT DELEDU O'R GOLYGFEYDD A SGRIPTIWYD AR GYFER Y TELEDU

(B) SGRIPT DELEDU O OLYGFEYDD ERAILL YN Y NOFEL

RHAN 1 YR AGORIAD

GOLYGFA 1. Y TU ALLAN/O FLAEN DRWS Y GRAIG DDU/DYDD 1/CANOL NOS.

CAST: Sianco/Martha/Jac

Eistedda Sianco ar stepen y drws yn maldodi Bob yn y tywyllwch. Mae'n agor ei geg – wedi blino. Daw Jac allan o'r tŷ ar hast gan wneud i Sianco neidio a chodi. Daw Martha ar ei ôl. Mae'r camera'n aros ar Sianco.

(NID AR GAMERA) **Martha**:   Sianco achan, dere o fan'na, nawr…

Dilyna Sianco gan redeg ar eu holau.

Jac: Dewch mlan nawr te, myn uffarn i, ne bydd hi 'di goleuo cyn i ni gyrradd…

GOLYGFA 2. Y TU ALLAN/ AR LÔN Y GRAIG DDU/ DYDD 1/ CANOL NOS.

CAST: Martha/Jac/Sianco

Dilynwn draed Martha, Jac a Sianco lan y lôn. Jac yn arwain, Martha'n dilyn a Sianco ar ei hôl hi. Gwelwn eu traed yn tasgu trwy ambell bwll dŵr.

Sianco: Fi ff… f… ffeili gweld…

Martha: Paid gwenwyno nawr. Dewch â'r gole 'na nôl fan hyn, Jac ne byddwn ni wedi torri'n coese'n tri…

Jac: Fe ddalwn ni'r diawled wrthi nawr – ma rhywbeth od yn mynd mlan ma… weda i wrthoch chi… fydd hi di bennu arnyn nhw unwaith gaf i afel ynddyn nhw…

Martha: Cymerwch bwyll nawr te, Jac yn lle mynd yn ych cyfer… do's dim prawf bod neb yn neud dim byd iddi, Jac… (*wrth droi i chwilio am Sianco*). Dere mlan nawr te, Sianco bach, dala lan wir…

GOLYGFA 3. Y TU ALLAN/Y TRI'N EISTEDD YM MÔN CLAWDD/DYDD 1/ DECHRAU GOLEUO.

CAST: Martha/Jac/Sianco

Mae'r tri'n eistedd ym môn y clawdd o dan y dderwen fawr yn edrych ar y fuwch. Mae Sianco a Bob, y ci, yn cysgu a Martha'n sythu.

Martha: (*cynnig yn betrusgar*) Ma hi siŵr o fod yn 'u dala nhw mewn rhyw weiren bigog, ne rywbeth…

Jac: Peidwch â siarad dwli…

Martha: Ne ma 'na rhyw lo'n dod mewn a'i sugno hi…

Jac: DRYCHWCH!

Jac yn tynnu ei hun ar ei draed. Torri i'r fuwch yn sugno'i thethe ei hunan.

Jac (troslais): Weles i'm y fath beth erioed…

Martha: … wedi cal blas ar 'i llath 'i hunan…

Sianco'n dechrau chwerthin.

Jac: … wel e, myn uffarn i…

Martha: Wel, wel, wel, be wede Mami am hyn?

Y tri'n syllu ar y fuwch. Mae Sianco wedi'i swyno ganddi. Gwelwn ei lygaid yn syllu ar y fuwch ac yntau'n troi'i ben mewn cwestiwn.

TEITLAU AGORIADOL

Martha, Jac a Sianco

Clywn grawcian brân. Gwelwn frân yn neidio ar hyd y sgrin. Wrth banio i lawr gwelwn ei bod hi'n neidio ar hyd llythrennau'r enwau 'Martha Jac a Sianco'. Mae'r frân yn plethu i mewn ac allan rhwng y llythrennau nes dod yn agos iawn, iawn at y camera a dyna oll a welwn yw ei llygad hi'n sbecian a'i phig yn crafu ar y lens.

GOLYGFA 4. Y TU ALLAN/CLOS GRAIG DDU/ DYDD 2/BORE CYNNAR.

CAST: Jac/Sianco/Martha.

Gwelwn Jac yn dod i mewn â'r da i'w godro. Mae'r fuwch syddag ond un deth yn eu canol. Mae ci Jac yn cyfarth a Jac yn gweiddi.

Jac: Twei… twei… twei bois bach… twei, twei!

Wrth i Jac gyrraedd y clos gwelwn Sianco'n eistedd ar stepiau'r storws yn ei fyd bach ei hunan. Mae golwg betrusgar arno. Mae Jac yn oedi am eiliad ac yn edrych i'w gyfeiriad cyn parhau i anfon y da i'r iard odro.

GOLYGFA 5. Y TU ALLAN/ PARLWR GODRO/DYDD 2/BORE.

CAST: Jac.

Mae Jac yn godro. Gwelwn saethiad agos o'i ddwylo caled. Mae'n tynnu ei anadl yn boenus ambell waith. Clywir ergyd dryll. Mae'r da'n dawnsio'n nerfus a Jac yn troi ei ben yn siarp.

Jac: Beth uffarn ma'r diawl 'na...

Rheda Jac am y drws.

GOLYGFA 6. Y TU ALLAN/IARD ODRO/ DIWRNOD 2/BORE.

CAST: Jac/Sianco/Martha

Mae Sianco'n sefyll gyda dryll yn ei law. Mae'r fuwch ar y llawr yn dal i gicio. Mae'r gwaed yn lledu heibio esgidiau Sianco. Daw Martha o rywle'n ofnus.

Martha: Sianco? Beth wyt ti...?

Jac: Pam uffarn 'nest ti rywbeth fel'na?

Torri i wyneb Sianco a hwnnw wedi cael siom. Cred iddo wedi gwneud cymwynas â phawb. Clywir y fuwch yn dal i frefu. Mae Jac yn closio at Sianco a hwnnw'n cilio oddi wrtho. Mae Martha'n sefyll yno'n syfrdan. Mae dwylo Sianco dros ei lygaid.

Jac: Y diawl twp! Gewn ni byger ôl 'da'r ministry nawr, ti'n deall?

Martha: Pwyllwch nawr te, Jac... Jac peidiwch er mwyn Duw...

Jac yn cydio yng ngholer Sianco ac yn ei siglo fel ci.

Jac: Pwyllo? ... a'r diawl ma'n...

Martha: Gadewch lonydd iddo fe! Gadwch e'n rhydd!

Sianco: ... Ond... ond... on... i'n...

Martha: Bydd ddistaw Sianco!...

Sianco: On i'n meddwl... b... b... b... bydde hi'n byrsto heb dethe...

Jac yn rhoi cleren i (yn taro) Sianco ar draws ei wyneb.

Martha: Jac! Jac!

Mae'r fuwch yn dal i frefu'n boenus wrth waedu ar lawr. Mae Martha'n cydio yn Sianco fel plentyn bach ac yn ei fagu.

Martha: Jac, ma'r creadur yn diodde...

Mae Jac yn callio damed cyn cydio yn y dryll oddi ar Sianco ac yn anelu at y fuwch. Saetha'r fuwch. Clywn yr ergyd a sŵn Sianco'n llefen. Mae'r fuwch yn llonyddu.

Jac: (yn tawelu) Yn blydi diodde? (Saib) Blydi diodde?

Jac yn taflu'r dryll ar lawr. Clywn sŵn tawel llefain Sianco a Martha'n edrych ar gorff y fuwch ar lawr.

A be newn ni nawr?

Jac yn gadael gyda Martha'n dal i gydio yn Sianco.

Sianco: On ni… dd… dd… ddim yn meddwl…

Martha: Shshsh nawr te… dere di…

GOLYGFA 7. Y TU MEWN/CEGIN/GRAIG DDU/DYDD 2 /NOS.

CAST: Martha/Jac/Sianco/Gwynfor.

Clywn sŵn ffrio bacwn a thatws. Gwelwn y saim yn tasgu ar hyd yr hotplet. Mae Jac yn rhowlio ffag yn ddiamynedd wrth y ford tra bo Sianco'n eistedd wrth y tân a chanddo lygad du.

Clywir cnoc ar y drws. Gwynfor sydd yno a chanddo fwnsied mowr o flode lliwgar yn ei law – mewn gwrthgyferbyniad braidd â'r gegin dywyll. Mae Martha'n sychu'i dwylo yn ei brat cyn teimlo'n swil wrth gymryd y blode.

Martha: Eisteddwch…

Jac: Dim ond isdedd ma hwn yn neud Martha… y gentleman farmers ma…

Gwynfor: Shwd wyt ti de, Jac?

Jac: Shwt ti'n disgwyl i fi fod, Gwynfor? Dim ond fi sy'n ffit i weitho ma a fi ddim yn mynd damed yn ifancach…

Gwynfor: Wel, ma fe'n dod i ni i gyd… a weden i bo ti'n lwcus iawn… Martha i neud y gwaith papur ac edrych ar dy ôl di a Sianco i helpu…

Jac: Hy…

Dyw Sianco ddim hyd yn oed yn codi'i ben.

Gwynfor: Weles i Jams y Lladd-dy ar y lôn 'fyd… chi 'di ca'l bach o drwbwl…

Jac: On'd yw newyddion da'n tryfeili'n gloi…

Gwynfor: Buwch yn sugno'i thethe'i hunan... wedodd e... dow, dow...

Jac: Brid newydd twel, Gwynfor... tit-less cow... beth od na 'set ti wedi clywed amdanyn nhw – ti 'di clywed am bopeth arall..

Martha: Dewch nawr te... bytwch... ma na ddigon i ga'l ma...

Gwynfor: Wel, ma pethe od yn galler digwydd... a sôn am rheiny... fe glywes i fod 'da ti lady-friend i ga'l, Jac...

Mae Martha'n edrych i fyny wrth osod bwyd ar y ford.

Jac: A phwy wedodd 'ny wrthot ti, te?...

Gwynfor: Aderyn bach...

Jac: Wel... rhaid ifi fynd mas â twelve bore at yr adar 'na... cau clap ar 'u sŵn nhw...

Martha: Gwynfor... cwpaned o de?

GOLYGFA 8. Y TU MEWN/PARLWR GRAIG DDU/DYDD 2/NOS.

CAST: Martha/ Gwynfor.

Martha a Gwynfor yn yfed cwpaned o de ac yn eistedd ar soffa binc yn y parlwr. Mae hi'n tywyllu y tu allan.

Martha: Pwy yw'r fenyw 'ma sy 'da Jac te?

Gwynfor: Rhywbeth o bant yw hi... 'na be glywes i... pishyn bach itha ffit 'fyd... Martha...

Martha: O le te...?

Gwynfor: Sa i'n gwbod... Martha ma'n rhaid i ni siarad. Heno...

Martha: Odd Mami'n iawn i adel y lle ma i ni i gyd... Cadw ni ma... odd hi'n gwbod bydde rhywun fel'na yn galw heibio, ynta...

Gwynfor: Martha... dowch ata i i fyw yn Troed-rhiw...

Martha: Beth?

Gwynfor: Dowch ata i... fe gewn ni fod yn gwmni i'n gilydd... a dyw 'nheimlade i heb newid ers i fi ych gweld chi yn y caffi na'n dre ugen mlynedd nôl...

Martha: Ond wedodd Mami…

Gwynfor: Anghofiwch am Mami am eiliad… be chi'n weud?

Martha: I fi… i fi'n meddwl… prynu piano!

Gwynfor: (wedi drysu) Piano!

Martha: Ie… odd Mami'n arfer whare piano pan odd y fistres mas a hithe'n forwyn yn Treial…

Gwynfor: Martha?

Martha: Gallen i ei roi e wrth y wal fan'co wedyn… a whare i chi… (SAIB)… pan fyddech chi'n dod draw…

Gwynfor: O… (SAIB)… ma'n well i chi ga'l amser i feddwl… ar ôl ugen mlynedd o ddod 'ma … i fi'n gwbod pa mor bwysig yw'r lle 'ma i chi, Martha… ise amser i feddwl…

Gwynfor yn cicio'i gwpan wrth godi.

Martha: Drychwch…

Gwynfor: Ma'n ddrwg 'da fi…

Martha'n mynd ar ei phenliniau i sychu'r te gyda chlwtyn o boced ei brat.

Gwynfor: Fe a' i nawr te… 'na fe… a fydda i ddim yn galw am sbel er mwyn i chi ga'l amser i feddwl… na fe te…

GOLYGFA 9. Y TU MEWN/CEGIN CRAIG DDU/DYDD 2/NOS.

CAST: Jac/ Gwynfor/ Sianco.

Clywn sŵn hen gloc tad-cu yn tician. Mae Jac yn eistedd yn edrych ar y blodau lliwgar mae Martha wedi eu rhoi ar y dreser ac mae'n deall eu harwyddocâd. Mae'n edrych yn nerfus. Sianco'n edrych ar bopeth a'i lygaid yn fawr. Mae drws y parlwr yn agor a Jac yn codi'n siarp ar ei draed.

Jac: Be wedodd hi te?

Gwynfor: Dyw e ddim o dy fusnes di…

Jac: Ma honna fel donci 'fyd…

Wrth i Gwynfor adael mae Sianco'n rhedeg allan hefyd wrth weld storm yn codi.

GOLYGFA 10. Y TU MEWN/PARLWR GRAIG DDU/DYDD 2/NOS.

CAST: Jac/Martha

Mae Martha'n dal i sgrwbio'r llawr. Daw Jac i mewn i'r parlwr.

Jac: Geithe chi le da 'da fe… be sy'n bo 'no chi?… chi'n mynd i golli'ch cyfle fan'na…

Martha'n codi a'r clwtyn yn dal yn ei llaw.

Martha: Lle da, yn ddigon pell o fan hyn, ife Jac?

Jac: 'Se Mami wedi neud y peth iawn 'se dim un o ni yn y cachu 'ma…!

Martha: Wel pam na adewch chi te, Jac?

Jac: Wel pam na adewch chi te, Martha?

Mae'r ddau'n edrych ar ei gilydd am yn hir. Gwelwn wyneb Sianco yn ffenest y parlwr yn gwylio'r gwrthdaro. Mae hynny'n ei ypsetio'n llwyr.

Jac: I'r diawl â hi! Fi'n mynd!

Martha: A ni i gyd yn gwbod i le nawr, on'd 'yn ni Jac?

Jac: A fydda i ddim nôl 'ma heno chwaith!

Jac yn gadael

Martha (gan weiddi ar ei ôl): Pa mor hir o'ch chi'n meddwl gallech chi 'i chadw hi'n gyfrinach, Jac? (SAIB) Fyddwch chi'n diolch i fi rywbryd, Jac… yn diolch i fi rywbryd!

GOLYGFA 11 . Y TU MEWN/YR YDLAN/DYDD 2/NOS.

CAST: Martha/Sianco.

Martha: Sianco! Sianco?

Martha'n dod ar draws Sianco'n eistedd ar y llawr wrth ymyl cyrff cathod bach. Mae e'n eu rhoi mewn twmpath ar y llawr. Mae e'n maldodi un yn ei ddwylo. Clywn sŵn Bob yn cyfarth yn y pellter. Mae Sianco'n gweld Martha'n agosáu ac wrth edrych arni mae'n snwffio. Mae Martha'n penlinio ar ei bwys ac yn pwyso ar ei ysgwydd. Mae'r gath yn mewian uwch eu pennau. Yna cydia Martha yn un o'r cathod.

Martha: Bob?

Sianco yn nodio.

Sianco: … ma Bob yn ddrwg… (dechrau llefain) … nath e c… c… c… cyfarth a c c… c… cyfarth a'u p… poeni nhw n… n… nes bo nhw'n c… cwmpo… on nhw 'i ofan e!

Martha: Bydde Jac wedi eu boddi nhw ta beth, Sianco bach…

Sianco: S… sori am y fuwch… a sori am rhein a … s… s… sori am Gwynfor…

Martha'n gwenu'n drist arno ac yn anwylo ei foch am eiliad. Sianco'n mynd i'w boced.

Sianco: Co… bylbs lili wen fach i chi… ar. g… g… g… gyfer y g… g… gwanwyn…

RHAN 2. GOLYGFEYDD YNG NGHORFF Y NOFEL

GOLYGFA 50. Y TU MEWN/STAFELL Martha/DYDD 8/ NOS.

CAST: Sianco

Mae Sianco'n cysgu'n sownd yng ngwely Martha gyda phapur tŷ bach yn ei glustiau er mwyn peidio â chlywed sŵn y frân. Mae'r dillad gwely wedi eu tynnu yn ôl ar ochr Martha. Dyw hi ddim yno.

GOLYGFA 51. Y TU MEWN/PARLWR GRAIG DDU/DYDD 8/GANOL NOS.

CAST: Martha

Mae Martha'n eistedd ar stôl y piano yn y parlwr – yn eistedd yno gyda dryll ar draws ei chluniau yn barod am y sŵn tapio. Mae'r cyrtens ar gau ac mae sedd y piano ar bwys y ffenest. Mae ei phen yn disgyn ar ei brest bob nawr ac yn y man wrth iddi gysgu. Yna, ar ôl sbel hir fe glywir sŵn tapio sy'n tyfu'n uwch ac yn uwch. Gwrandawa ar y sŵn yn symud o stafell i stafell a gwelwn ei llygaid yn dilyn y sŵn. O'r diwedd daw'r sŵn i ffenest y parlwr. Mae hi'n codi ac yn symud yn ara bach bach tuag at y ffenest ac yn sbecian trwyddo a thra bod y twrw ar ei waetha tynna'r cyrtens yn ôl. Gwelwn gigfran yn ei holl erchylltra yn cnocio'r ffenest â'i phig. Mae hi'n crawcian cyn ehedeg i ffwrdd. Martha wedyn yn cau'r llenni mewn panig.

GOLYGFA 52. Y TU MEWN/CEGIN/DYDD 8/GANOL NOS.

CAST: Martha

Martha'n rhedeg o un ystafell i'r llall yn cau cyrtens.

GOLYGFA 53. Y TU MEWN/STAFELL MAMI/DYDD8/ CANOL NOS.

CAST: Martha

Mae Martha'n tynnu allwedd stafell Mami o'i phoced ac yn mynd i mewn. Gwelwn yr ystafell yn y gwyll fel y cafodd hi ei gadael ddiwrnod yr angladd. Gwelwn frwsh gwallt a gwallt dal ynddo a dilledyn ar gadair. Mae hi'n cau'r cyrtens cyn eistedd ar y gwely.

GOLYGFA 54. Y TU MEWN/STAFELL WELY JUDY TŶ COWNSIL/DYDD 8/GANOL NOS.

CAST: Jac/Judy

Gwelwn Jac a Judy mewn gwely bach yn ei thŷ cownsil. Stafell fach yw hi ac mae poteli cwrw wrth y gwely ac 'ash tray'. Mae Jac ar ddihun yn syllu i'r gwyll.

GOLYGFA 55. Y TU ALLAN/ GARDD GRAIG DDU/DYDD 9/BORE.

CAST: Martha/Jac (N.A.G.)

Martha'n golchi'r crafiadau ar y gwydr tu allan.

(N.A.G.) Jac: Martha!

Martha'n dal i olchi'r ffenest heb gymryd unrhyw sylw ohono.

Jac: Martha! Dowch i helpu 'da'r hwrdd 'ma…

Martha: On i'n meddwl galle hi ych helpu chi…

Jac: Dewch nawr, wir…

Martha'n taflu'r clwtyn i mewn i fasn o ddŵr brwnt.

GOLYGFA 56. Y TU MEWN/SIED/DYDD 9 /CYN CINIO.

CAST: Martha/Jac/Sianco.

Martha'n sefyll yn edrych ar yr hwrdd – gwaed wrth fôn y cyrn. Edrycha arno am yn hir yn llonydd. Daw Jac a Sianco i mewn gyda 'blowtortsh' a slaten i'w dal dros lygad yr hwrdd.

GOLYGFA 57. Y TU MEWN/SIED/DYDD 9/ CYN CINIO.

CAST: Martha/Jac (N.A.G.)

Clywn sŵn y 'blowtortsh' a'r corn yn llosgi. Gwelwn wyneb Martha'n dal pen yr hwrdd a chlywn lais Jac.

(N.A.G.) **Jac:** Ma nhw i mewn yn ddwfwn 'fyd… ti'n gweld rhein, Sianco? Tyfen nhw fel sgriws i mewn i'w ben e, tyllu i mewn … fel 'se'i ben e mewn feis… A neithen nhw dyfu a tyfu a gwasgu i mewn… nes eithe fe off 'i ben… Martha!? Martha!

Martha'n methu dioddef gwrando rhagor ar Jac ac yn gadael.

GOLYGFA 58. Y TU ALLAN/CLOS GRAIG DDU/ DYDD 9/AMSER CINIO.

CAST: Martha/Judy

Martha'n croesi'r clos ac yn cwrdd â Judy mewn welingtons ac oferôls gwaith.

JUDY: Morning… Could get used to this fresh air…

GOLYGFA 59. Y TU ALLAN/CLOS GRAIG DDU/DYDD 9/ PRYNHAWN

CAST: Martha

Martha'n cerdded yn benderfynol at y storws ac yn cerdded i fyny grisiau'r storws. Aiff i mewn i'r storws a dechrau chwilio yn y tywyllwch yng nghanol yr hen greiriau. Mae hi'n benderfynol o gael gafael mewn rhywbeth. Yna ar ôl sbel hir caiff afael ar botyn bach gwyn ac arno gap melyn. Mae hi'n tynnu ei bys ar draws y label sydd wedi ei orchuddio â baw a dwst – wrth i'w bys symud dros y label rydyn yn medru darllen y geiriau Strychnine alkaloid (0.5%) Eistedda Martha gan anadlu'n drwm ar hen gadair yn y storws gyda'r gwenwyn yn ei llaw. Mae hi'n sâl – ei hannwyd wedi gwaethygu. Gwelwn hen oasis flodau – yr un osododd Sianco ar y bedd yn yr angladd ac enw 'Mami' arno.

GOLYGFA 60. Y TU MEWN/CEGIN GRAIG DDU/ DYDD 9/AMSER SWPER.

CAST: Martha

Martha yn y gegin yn cymysgu rhywbeth mewn soser wen o'r dreser. Gwelwn ni hi o'r tu ôl. Yna mae hi'n rhoi'r gwenwyn ym mhoced ei brat ac yn rhoi rhyw gadache a phot jam mewn cwdyn plastig. Er bod y cadache'n newydd mae hi'n eu clymu yn y cwdyn plastig ac yn eu taflu gyda'r pot jam. Golcha ei dwylo'n drylwyr, drylwyr cyn dringo'r grisiau. Clywn Jac a Judy yn dod i lawr y grisiau gan chwerthin. Gwelwn hi'n troi i edrych i gyfeiriad y sŵn am eiliad cyn parhau gyda'i gwaith.

GOLYGFA 61. Y TU MEWN/ STAFELL WELY MARTHA/ DYDD 9 /NOS.

CAST: Martha

Martha'n ymbaratoi at fynd i'r gwely. Mae hi'n gorwedd ar y gwely yn ei dillad – heb newid. Mae hi'n anadlu'n drwm dan annwyd cyn cau ei llygaid.

GOLYGFA 62. Y TU ALLAN/CLOS GRAIG DDU/DYDD 7/ BORE.

CAST: Dau Ddyn Deliferi/Sianco.

Lori'n bacio at ddrws cefn y tŷ. Bip bip – sŵn y lori. Sianco'n sgelcian ambwti'r lle gyda Bob dan ei gesail. Sianco'n cadw draw ond yn colli dim.

GOLYGFA 63. Y TU MEWN/CEGIN GRAIG DDU/ DYDD 7/BORE.

CAST: Martha/Sianco/Dau Ddyn Deliferi

Dyn yn cnocio ar ddrws y tŷ a Martha'n ei gilagor. Mae hi'n dal yn ei gwnos ond mae hi wedi gwisgo brat drosti.

Dyn 1: Mrs Williams?

Martha: Miss, Williams.

Dyn 1: Arwyddwch fan'na newch chi de, Missy?

Martha: Ond 'sa i wedi hela i hôl dim byd…

Dyn 1: Miss Williams, Graig ddu Farm? Ma fe'n gweud fan hyn, cariad… Jest ar y lein fan'na… diolch…

GOLYGFA 64. Y TU MEWN/PARLWR GRAIG DDU/DYDD 7/PRYNHAWN.

CAST: Martha/Sianco

Martha'n twtio yn y gegin. Mae hi'n paratoi paned o de, yn ei gario i'r parlwr cyn eistedd ar y soffa binc. Mae hi'n dal i edrych tua'r cornel. Yno gwelwn y piano newydd wrth y wal. Daw Sianco i'r ffenest i gael golwg ar y piano ac yntau'n amlwg wrth ei fodd gyda'r anrheg hefyd. Gwena, ac mae Martha'n gwenu yn ôl.

RHAN 3. GOLYGFEYDD YN RHAN OLAF Y NOFEL

GOLYGFA 150. Y TU ALLAN. CAE MARGED/DYDD 18/ BORE.

CAST: Martha/Sianco

Mae Martha a Sianco'n cerdded i lawr y lôn gyda golwg bwdlyd ar wyneb Sianco. Does dim sôn am Jac. Wedi i'r ddau droi i mewn i'r cae barlys maen nhw'n cerdded o gwmpas y cloddiau am sbel yn amlwg yn chwilio am rywbeth, cyn i Martha eistedd i lawr o dan y dderwen fawr – a honno yn ei gwyrddni.

Martha: Wi'm yn gwbod lle a'th y llo 'na… Mae e wedi diflannu…

Martha'n edrych i fyny ar y dail yn eu gwyrddni. Clywn eu sŵn yn yr awel ysgafn.

Martha: Ma heddi bach yn rhy dwym i Martha… cer i chwilo am Jac nawr te a gallwn ni glatsho bant 'da'r barlys 'ma wedyn…

Sianco: G… G… Galla i whilo am Jac!

Sianco'n rhedeg i ffwrdd a chlywn sŵn Bob yn cyfarth.

Gwelwn y siot o berspectif Sianco wrth iddo redeg trwy'r barlys. Mae'r llun yn bownsio a Sianco'n chwerthin. Daw Sianco i stop yn sydyn wrth iddo ddod o hyd i Jac yn gorwedd wrth draed y bwgan brain.

GOLYGFA 151. Y TU ALLAN/ CAE MARGED/DYDD 18/BORE.

CAST: Martha/Sianco.

Gwelwn Martha'n eistedd wrth fôn y clawdd a chlywn Sianco'n sgrechian. Mae hi'n codi ar ei thraed.

Martha: Sianco? Sianco?

Sianco: M… M… Martha! **Martha!** M… M… Ma… **Jac!!!!**

GOLYGFA 152. Y TU ALLAN/CAE MARGED/DYDD 18 /BORE.

CAST: Martha/Jac/Sianco.

Martha a Sianco ar bwys Jac.

Sianco: Co! Co!

Martha: Jac! Jac! Jac chi'n clywed?

Martha'n plygu wrth geisio gwrando ar guriad ei galon.

Martha: Ma'i galon e'n dal i guro… aros di fan hyn… ma rhaid i Martha fynd i ffonio am help, Sianco… aros di fan hyn. Ti'n deall?

Sianco'n nodio'n ansicr. Mae Martha'n tynnu'r macyn ar ei phen ac yn ei roi dros dalcen Jac er mwyn ceisio rhoi ychydig o gysgod iddo.

GOLYGFA 153. Y TU ALLAN. LÔN GRAIG DDU/ DYDD 18/ BORE.

CAST: Sianco/Jac.

Mae Sianco'n gosod pen Jac yn ei gôl ac yn cyfri curiadau ei galon.

Martha (troslais): … Ambulance very quickly… he's fallen down in the field… G… R… A… I… have you got someone who speaks Welsh? Don't take the left lane or you'll be all wrong… there's no sign but I'll send my little brother to the top of the lane to wait… No I don't think I've got a mobile…

GOLYGFA 154. Y TU ALLAN. CAE MARGED/DYDD 20/ NOS.

CAST: Martha/Sianco.

Gwelwn y goeden dderw yn y gwynt yn gollwng eu dail. Wrth banio i lawr fe welwn Martha'n eistedd wrth fôn y goeden. Mae'r barlys wedi pydru a chwyn wedi tyfu trwyddo. Daw sŵn traed a daw Sianco i eistedd ar bwys Martha. Mae golwg wedi bod yn llefen arno fe.

Martha: Bydd popeth yn iawn tweld… bydd… bydd popeth yn well cyn bo hir… ond bydda i ise dy help di nawr, Sianco… ma'r da godro'n ca'l 'u gwerthu i gyd a'r da bach… a bydd defed tac yn dod 'ma… ti'n clywed?

Sianco'n nodio

Martha: Ti fydd y dyn mowr 'ma nawr… nes bod Jac yn gwella. Nes 'i fod e'n galler cerdded to… Be sy'n bod?

Sianco'n tynnu cathod bach wedi marw allan o'i boced. Mae'n dal un yng nghledr ei law.

[defed tac – defaid yn cael eu cadw ar dir llawr gwlad yn ystod y gaeaf.]

Martha: … ddim hyd yn oed yn gwbod shwt olwg odd ar y byd… (SAIB) Ces i fabi unwaith Sianco… am sbel fach… reit fan hyn lle ni'n isdedd…

Tylluan yn hwtian. Sianco'n edrych i gyfeiriad y sŵn. Mae'n maldodi'r gath yn ei law wrth wrando.

Martha: Un Wil odd e… a ges i fe fan hyn yn boene ac yn wad i gyd adeg hau barlys… (SAIB) Dim ond pymtheg o'd on i… on i ddim yn gwbod bod e'n dod… odd e'n fach, fach a fages i fe… fages i fe'n dynn, dynn, dynn…

Torri i wyneb Sianco a hwnnw'n gwenu wrth feddwl am y fath fagad.

ac wedyn… rodd e wedi mynd… wi'm yn credu nath e hyd yn od lefen… (SAIB) Gyda Gwynfor dylen i fod wedi cal babi tweld… on i ddim ise neud dim byd da Wil… ond ches i ddim dewis… allen i ddim mynd a gadel yr un bach fan hyn wedyn, allen i? … Sdim o Wil yn gwbod cofia… sneb yn gwbod…

Tylluan yn hwtian eto.

Amser hau barlys odd hi… odd pethe'n rhy gynnar… a nath e ddim hyd yn oed llefen… odd e'n edrych mor llonydd… a hapus… a gwên fach…

Sianco'n gwrando ar Martha a'r dylluan. Mae'n troi at Martha ac am y tro cyntaf yn y ffilm yn edrych arni yn ddifrifol fel pe bai wedi deall rhywbeth o'r diwedd.

ADRAN GWEITHGAREDDAU

MARTHA, JAC A SIANCO

CATRIN JONES

Mae'r gweithgareddau isod wedi eu creu ar y golygfeydd dramatig a'r sgriptiau teledu seiliedig ar y nofel *Martha Jac a Sianco* ond hefyd ar benodau a darnau pendant o'r nofel. Does dim rhaid i chi ddarllen y nofel gyfan ond ar adegau bydd angen darllen pytiau ohoni er mwyn cyflawni'r tasgau.

CLAWR

"Nofel eithriadol o bwerus sy'n swyno ambell dro ac yn dychryn dro arall." WIL SAM

Martha JacaSianco

CARYL LEWIS

y Lolfa

Llyfr y Flwyddyn 2005

CLAWR

CYN CYCHWYN
EDRYCH AR Y SGRIPT

Edrychwch yn ofalus ar glawr y nofel.

Trafod

Y teitl:
- Beth a ddaw i'ch meddwl wrth ddarllen y teitl?
- Fe'i disgrifiwyd fel teitl i lyfr plant. Beth yw eich barn chi?

Y llun:
Gyda phartner trafodwch:
- Sut rydych chi'n teimlo wrth edrych ar y llun?
- Pa emosiynau a ddeffroir gan y llun hwn?
- Beth, yn eich barn chi, yw ystyron yr hyn sydd yn y llun?

Ysgrifennodd Non Tudur yn ei hadolygiad yn Golwg:

> "Mae yna nifer o symbolau tywyll yn y nofel, yn awgrymu teimlad o fygythiad, neu farwolaeth. Ar y clawr syml ei gynllun, mae yna frain du, symbol sy'n codi drwy'r nofel."

Beth mae brain yn ei awgrymu i chi?

Gwaith ymarferol

> Bydd angen eistedd mewn cylch. Yng nghanol y cylch gosodwch nifer o wrthrychau y gellwch eu cysylltu â'r nofel *Martha Jac a Sianco*. Ymhlith y gwrthrychau gellwch roi e.e.
>
> - Tebot (i'w roi ar stof)
> - Rhith/Torch flodau
> - Llun o biano
> - Llun dreser
> - Ffon bugail
> - Paced o sigaréts
> - Modrwy
> - Hen badell ffrio
> - Potel wenwyn
>
> Ystyriwch beth yw arwyddocâd y gwahanol wrthrychau.

CLAWR

Trafod

Yn ei chyflwyniad mae Caryl Lewis yn cyfeirio at 'greu symbolau':

> "Daeth y brain yn rhyw symbol o ffawd efallai – ceisiais wneud eu presenoldeb yn frawychus ond hefyd eu cael i atgoffa'r darllenydd o dynged y cymeriadau"

Trafodwch beth a olygir wrth y term 'symbolaeth'.

Trafod

Meddai Annes Glynn yn y gyfrol *Y Ddrama Gyfoes: Damcaniaethau ac Arferion Symbolaeth, Swrealaeth a'r Abswrd*:

> "wrth ysgrifennu barddoniaeth nod symbol geiriol yw dwyn i gof deimladau a syniadau mwy nag y mae'r geiriau yn eu cynrychioli fel arfer... Yn y theatr gall gwrthrych neu sefyllfa awgrymu syniad neu deimlad sy'n fwy nag ef ei hun ar ei union. Er enghraifft, mae storm mewn drama wedi bod yn symbol o anfodlonrwydd yn y nefoedd... y lliw coch i gynrychioli perygl neu fordaith i gynrychioli bywyd ei hun."

- Beth y gallai'r gwrthrychau ar y dudalen cynt eu symboleiddio?
- Petaech chi'n mynd ati i lwyfannu'r ddrama, pa wrthrychau buasech chi'n eu defnyddio yn symbolaidd ar lwyfan?

Y broliant:

Darllenwch yr hyn a ysgrifennodd Wil Sam fel broliant ar glawr cefn y nofel. Pa argraffiadau cyntaf a gewch chi o'r nofel hon:

- Y stori?
- Lleoliad?
- Ei harddull?
- Ei chymeriadau?
- Cyfnod?

Ydych chi'n cael eich cymell i ddarllen y nofel yn dilyn darllen y broliant?

CLAWR

✏️ Tasg Ysgrifenedig

Cynlluniwch glawr ar gyfer eich hoff nofel chi, neu glawr arall i *Martha Jac a Sianco*.

LLWYFANNU

Cyflwyniad:
Mae nifer o leoliadau gwahanol yn *Martha Jac a Sianco*. Er mwyn creu perfformiad llwyddiannus dylai'r ddrama lifo'n rhwydd o un olygfa i'r llall. Nid yw cynulleidfa'n hoff o ddisgwyl tra bod y set a'r llwyfan yn newid rhwng pob golygfa.

Er mwyn sicrhau bod y ddrama'n llifo'n rhwydd:
- peidiwch â gorlwytho'ch llwyfan gyda phropiau.
- gallwch ddefnyddio effeithiau sain i greu awyrgylch e.e. tician cloc, trydar adar.
- gallwch ddefnyddio effeithiau golau i ddangos newid lleoliad a chreu awyrgylch.

Syniadau wrth gynllunio:
- Darllenwch gyfarwyddiadau llwyfan cychwynnol Caryl Lewis yn y sgript. Er mwyn ymateb i'r sialens o gyfleu gwahanol leoliadau, pa fath o set buasech chi'n ei chynllunio ar gyfer y ddrama *Martha Jac a Sianco*?
- Cyn penderfynu ar eich cynllun terfynol gwnewch yr ymarferion canlynol yn gyntaf.

CREU COLLAGE

Tasg Grŵp

Adnoddau: Cylchgronau, glud, sisyrnau, papur mawr, pennau ffelt.

- O fewn grŵp o tua 3 neu 4 dewiswch un lleoliad / golygfa.
- Penderfynwch pa liw a fyddai'n addas i gyfleu awyrgylch y lleoliad hwn neu'r olygfa hon.
- Ewch drwy'r cylchgronau gan ddewis lluniau, delweddau, penawdau a darnau o liw addas. Torrwch hwy a gludwch y darnau fel math o gollage ar bapur mawr. Paratowch gyflwyniad byr i weddill y dosbarth yn esbonio eich cynllun.
- Trafodwch beth yw themâu'r ddrama a rhestrwch hwy.

GWAITH YMARFEROL

TASG: Creu delweddau

Yn ei chyflwyniad dywed Caryl Lewis mai "cyfres o 'tableaux' yw'r penodau."
tableaux = delwedd = llun llonydd

> Er mwyn creu delwedd lwyddiannus dychmygwch eich bod yn rhan o lun, wedi rhewi gan amser. Pwy yw'r cymeriadau sydd yn y llun? Rhowch sylw i leoliad pob aelod o'r grŵp. Ceisiwch gael amrywiaeth lefelau.
>
> A. Gwnewch ddelwedd ar gyfer pob thema yn ei dro.
>
> B. Dewiswch olygfeydd penodol o'r ddrama a'u hail-greu drwy ddelweddau / lluniau llonydd.
>
> C. Gallwch greu 'tableaux' i bob pennod o'r nofel, fel y sonia Caryl Lewis.

TASG: Dod â'r ddrama'n fyw.

Gan edrych ar sgript Caryl Lewis mewn grwpiau bach darllenwch ddetholiad bychan o'r sgript – bydd tua hanner i dri chwarter tudalen yn ddigonol.

Rhowch berfformiad o'r detholiad drwy ddechrau gyda:
- llun llonydd (5 eiliad),
- actio'r olygfa
- rhewi mewn llun llonydd (5 eiliad) i gloi.

Yna, gellwch drafod y tensiwn sy'n cael ei greu.

Gellir datblygu'r gwaith yma drwy gael pob grŵp yn perfformio un ar ôl y llall heb doriad. Mae'r ymarfer hwn yn fanteisiol iawn i ddod i adnabod y ddrama / nofel yn well.

LLWYFANNU

ALLWEDD CYNLLUNIO SET

Cynlluniwch allwedd i wneud diagram o set gan edrych i lawr arno. Dyma restr o ddodrefn a phropiau gellir eu cynnwys ar lwyfan.

Bwrdd	Bwrdd Crwn	Cadair Galed
Cadair Esmwyth	Soffa	Lamp
Bocs/Rostra	Lefel Uwch	Cefnlen Darn o Set
Llenni	Drws	Ffenestr
Lle Tân	Grisiau	Gwely

Ar gyfer prop anghyffredin gwnewch focs a rhoi'r enw y tu mewn. Er enghraifft;

Cynlluniwch eich llwyfan yma.

TELEDU

LLWYFANNU

Trafod ac Ysgrifennu

Cynlluniwch eich llwyfan i awgrymu'r themâu i'r gynulleidfa?

Ar bapur plaen A4, darluniwch gynllun llawr ar gyfer set i'r ddrama. Ystyriwch:
- Y math o lwyfan a'i siâp
- Lleoliad y gynulleidfa
- Mynedfeydd ac allanfeydd
- Gofodau penodol
- Dodrefn a phropiau
- Lliwiau
- Awyrgylch

Dyma rai syniadau i'ch helpu:
- Dewis llwyfan – edrychwch ar y nodiadau am y gwahanol lwyfannau.
- Arddull e.e. Naturiolaidd, symbolaidd, moel.
- Cefnlen – lluniau o beth? Pa liwiau? Seiclorama? Goleuo'r gefnlen i greu naws arbennig e.e. y lleuad yn yr olygfa agoriadol?
- Lefelau / rostras e.e. grisiau, platfform uchel.
- Creu awyrgylch – goleuo: lliwiau'r gels, golau llif, golau godre/ footlights, Spot proffil, spot meddal, golau pŵl, llachar, cysgodion, gwawrio. Meddyliwch pa rannau o'r llwyfan sy'n cael eu goleuo.
- Sain: pa synau sydd eu hangen i greu awyrgylch? e.e. crawcian y brain.
- Effeithiau arbennig e.e. rhew sych, mwg.

LLWYFANNU

Llwyfan proseniwm caeëdig

Fel arfer, uwchben lefel y llawr, eistedd uwchben neu islaw'r lefel honno, a'r seddi yn aml ar ogwydd (tiers). Mae llwyfan proseniwm fel bocs gydag un ochr yn unig ar agor i'r gynulleidfa a thrwy'r agoriad yma gall actor dorri trwy'r 'pedwaredd wal' a chyfarch y gynulleidfa. Dyma'r math mwyaf cyffredin o lwyfan proseniwm.

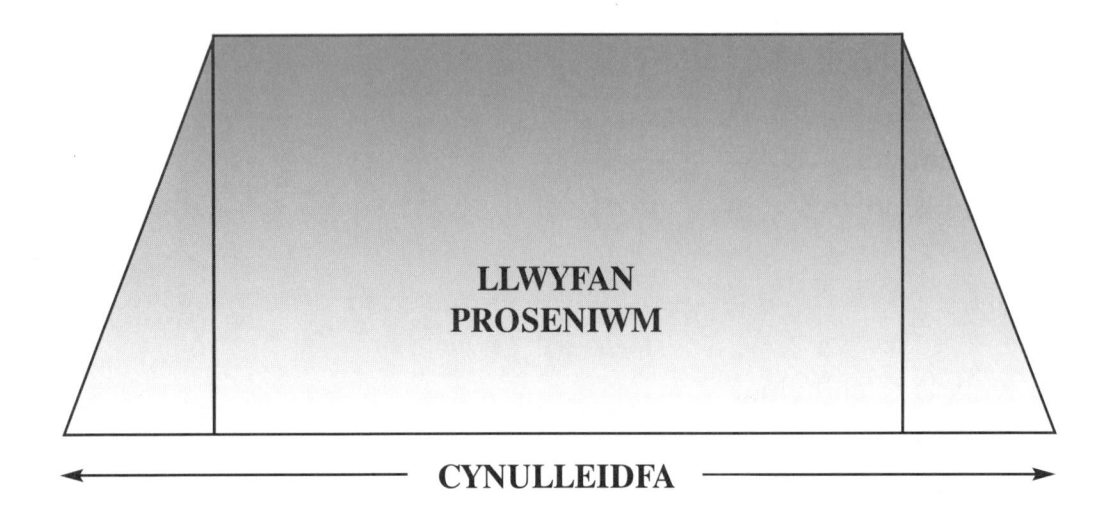

LLWYFAN PROSENIWM

⟵ CYNULLEIDFA ⟶

Llwyfan ar y pen (end stage)

Math arall o lwyfan proseniwm ble mae'r agoriad i'r gynulleidfa'r un lled â'r awditoriwm/llawr y neuadd.

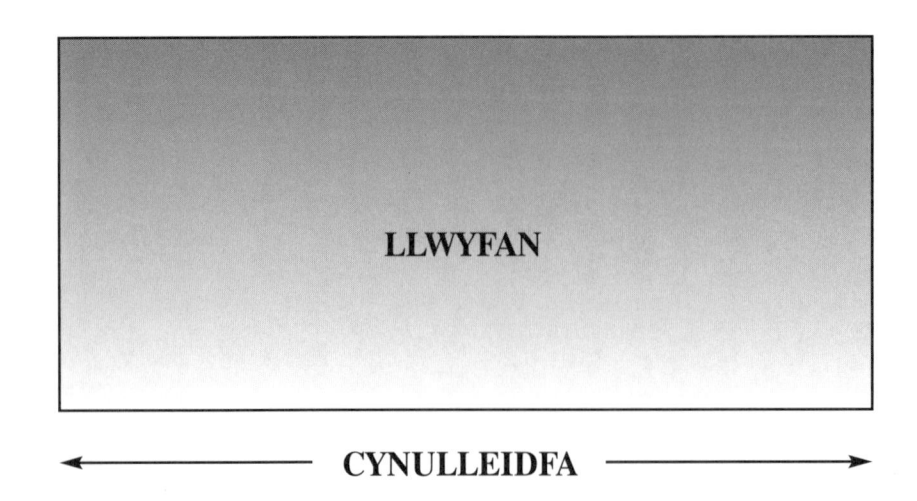

LLWYFAN

⟵ CYNULLEIDFA ⟶

LLWYFANNU

Llwyfan Traws (traverse stage)

Dyma fersiwn arbennig o'r llwyfan proseniwm. Mae fel bocs ond yn hytrach na chael dim ond un ochr ar agor, ceir dwy ac mae'r gynulleidfa'n eistedd ar y ddwy ochr yn wynebu ei gilydd ar draws y llwyfan. Gellir hefyd adeiladu fersiwn agored o'r math yma o lwyfan.

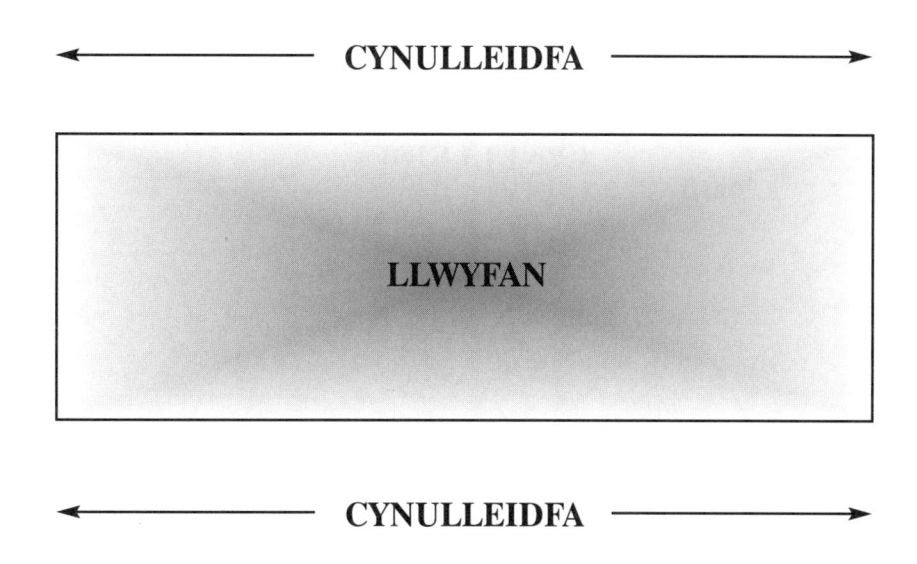

←——— CYNULLEIDFA ———→

LLWYFAN

←——— CYNULLEIDFA ———→

Ffedog

Darn a ychwanegir at du blaen y llwyfan, fel arfer dros bwll y gerddorfa.

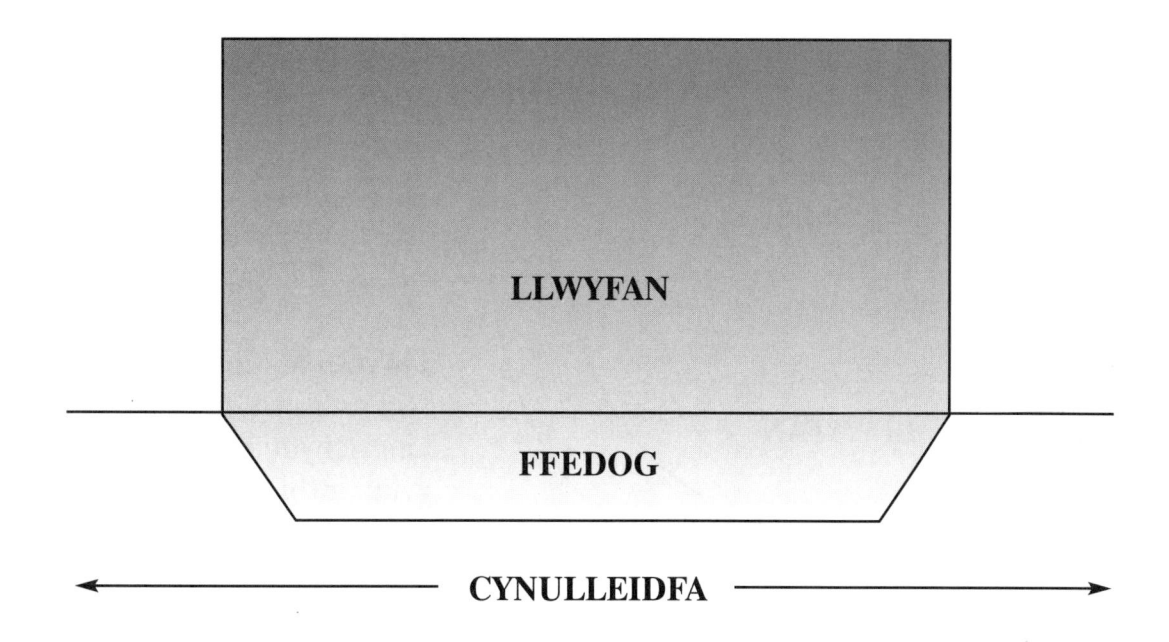

LLWYFAN

FFEDOG

←——— CYNULLEIDFA ———→

LLWYFANNU

Llwyfannau agored

Llwyfan arena/gylch
Gall llwyfannau arena/cylch fod yn sgwâr neu'n grwn, hirsgwar neu siâp triongl. Fel arfer maent yn fach gydag ychydig o le i eistedd. Amcan hyn yw creu agosatrwydd rhwng yr actorion a'r gynulleidfa. Ceir, fel arfer, eil yn rhedeg o'r llwyfan trwy'r gynulleidfa.

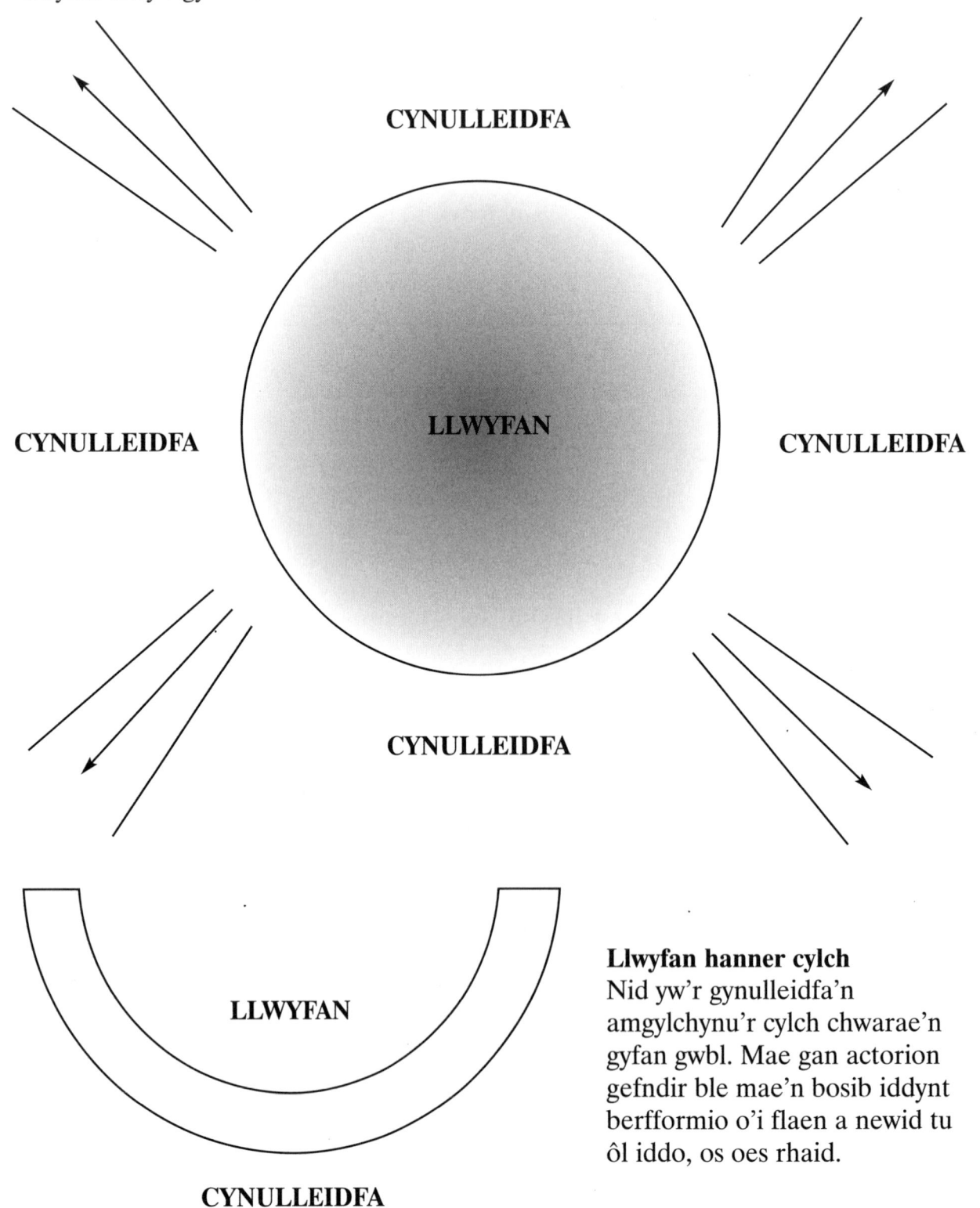

CYNULLEIDFA

CYNULLEIDFA　　**LLWYFAN**　　**CYNULLEIDFA**

CYNULLEIDFA

Llwyfan hanner cylch
Nid yw'r gynulleidfa'n amgylchynu'r cylch chwarae'n gyfan gwbl. Mae gan actorion gefndir ble mae'n bosib iddynt berfformio o'i flaen a newid tu ôl iddo, os oes rhaid.

LLWYFAN

CYNULLEIDFA

LLWYFANNU

Llwyfan gwth
Mae'r math yma o lwyfan fel arfer wedi ei godi uwchben lefel y llawr. Mae'r gynulleidfa'n eistedd ar dair ochr ac yn amgylchynu'r cylch chwarae.

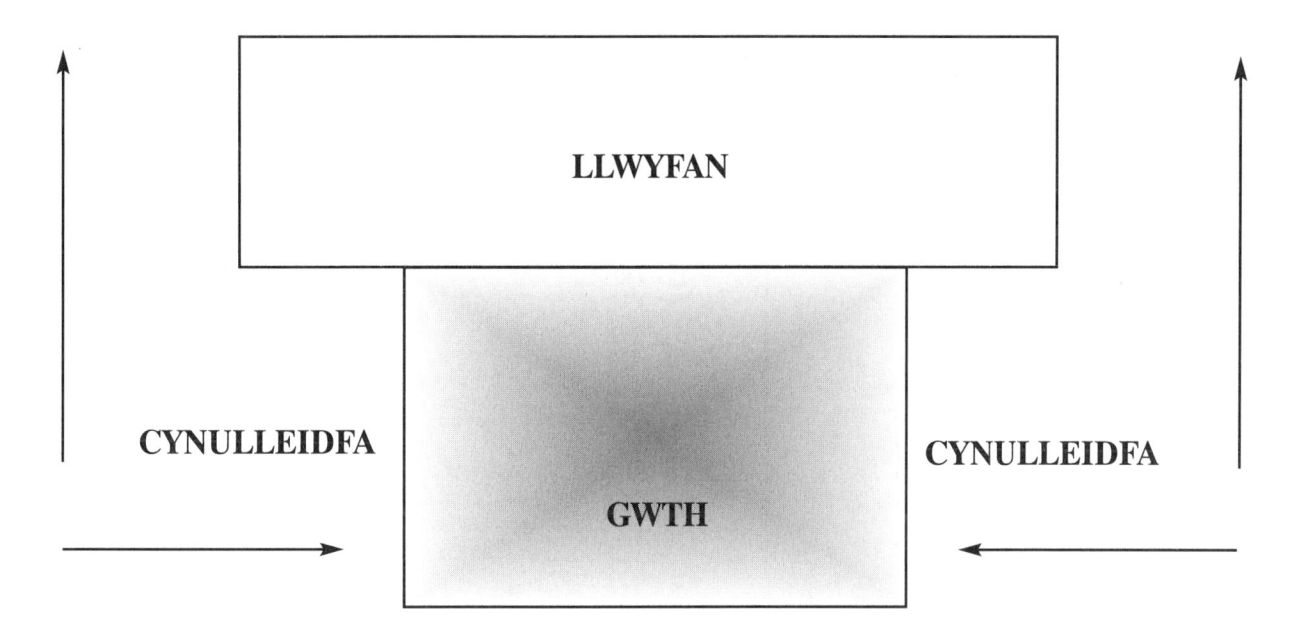

```
                    ┌─────────────────────────┐
                    │        LLWYFAN          │
                    │                         │
                    └──────────┬──────────────┘
                               │
         ┌─────────────┐ ┌─────┴───────┐ ┌─────────────┐
    CYNULLEIDFA        │     GWTH      │        CYNULLEIDFA
                       └───────────────┘
```

Llwyfan rhodfa (avenue)
Math arbennig o lwyfan canolog. Mae'n debyg ei fod yn arbennig o effeithiol pan mae cynhyrchiad angen dwy set neu fwy er mwyn cynrychioli mannau gwahanol.

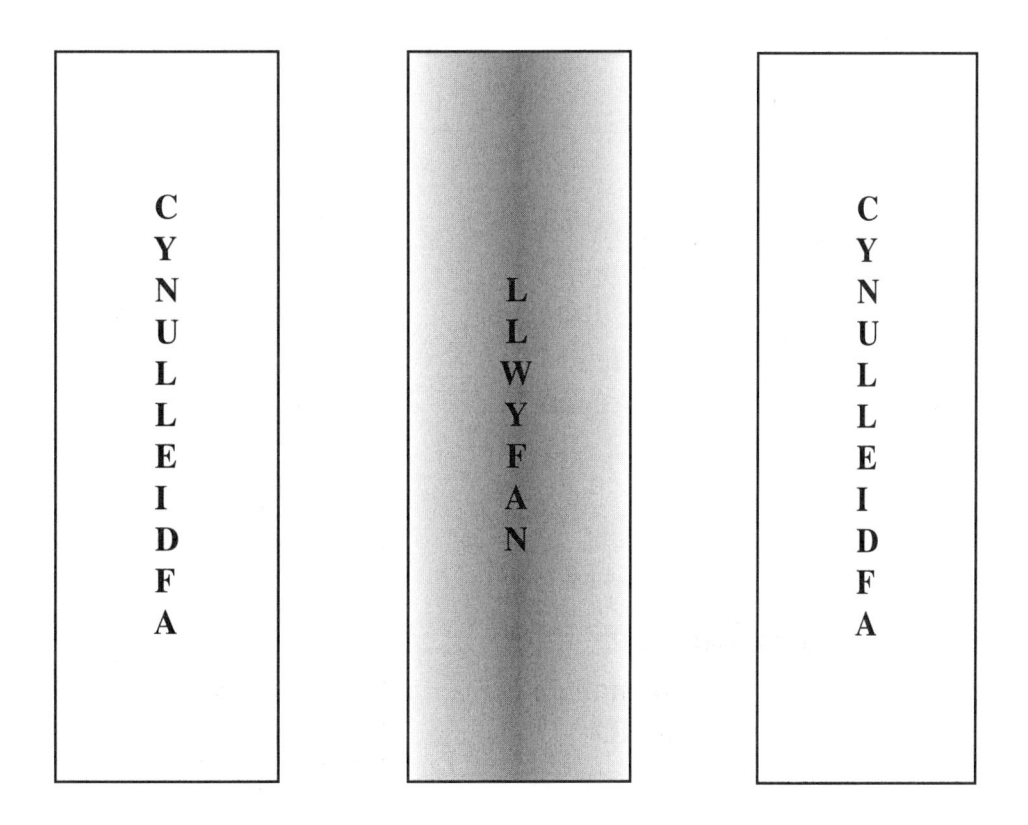

```
   ┌─────────┐   ┌─────────┐   ┌─────────┐
   │    C    │   │    L    │   │    C    │
   │    Y    │   │    L    │   │    Y    │
   │    N    │   │    W    │   │    N    │
   │    U    │   │    Y    │   │    U    │
   │    L    │   │    F    │   │    L    │
   │    L    │   │    A    │   │    L    │
   │    E    │   │    N    │   │    E    │
   │    I    │   │         │   │    I    │
   │    D    │   │         │   │    D    │
   │    F    │   │         │   │    F    │
   │    A    │   │         │   │    A    │
   └─────────┘   └─────────┘   └─────────┘
```

LLWYFANNU

Llwyfannau gwag

Mae'r mathau yma o lwyfan yn wahanol iawn i'r llwyfannau y soniwyd amdanynt eisoes. Mae'r llwyfan yn amgylchynu'r gynulleidfa yn hytrach na'r gynulleidfa'n amgylchynu'r llwyfan. Mae'r cylchoedd chwarae yn fwy fel gorsafoedd (stations) ar eu pennau'u hunain, ac yn aml wedi eu codi ychydig uwchben lefel y llawr. Weithiau mae'r gynulleidfa'n eistedd ar seddi sy'n troi (swivel) er mwyn gweld yn well o bob ongl.

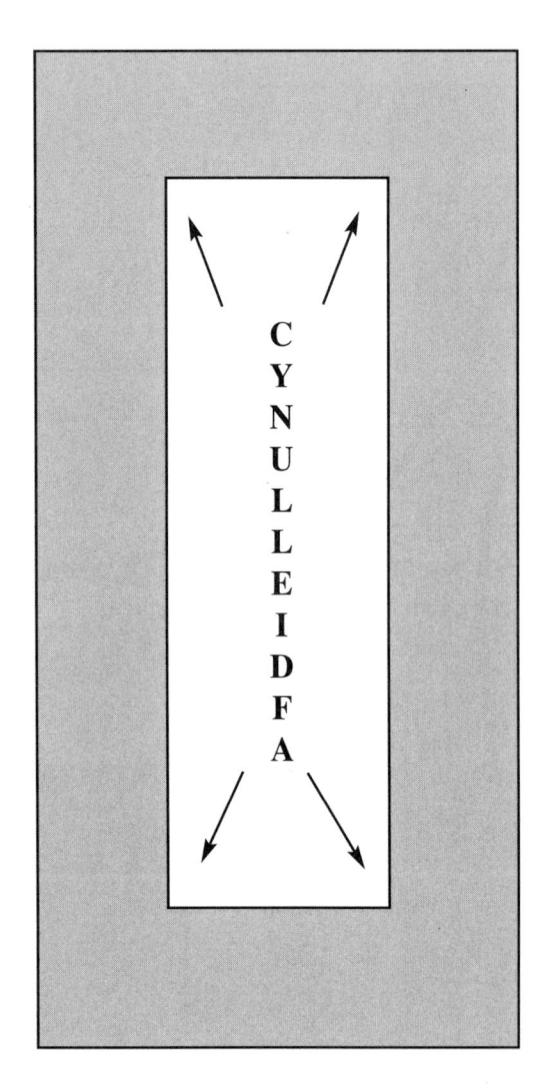

Agored

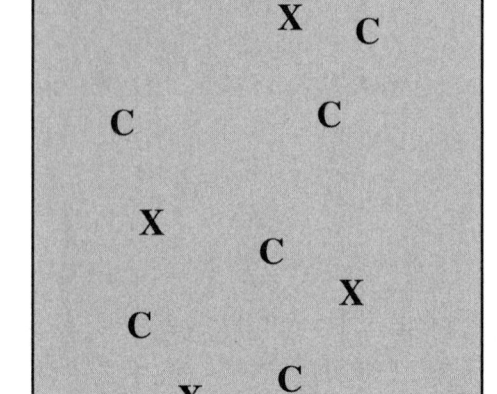

Ar wasgar
X - llwyfan, man chwarae
C - Cynulleidfa

LLWYFANNU

Tasg ychwanegol

Nid yw Caryl wedi cynnwys llawer o gyfarwyddiadau camera yn ei sgript hi, ond yn hytrach yr hyn a wnaeth oedd cynnwys cyfarwyddiadau manwl yn disgrifio'r hyn sydd ym mhob golygfa. Dewiswch rai golygfeydd penodol gan gynnwys ynddynt gyfarwyddiadau camera.

> **Geirfa**
>
> hirbell/llydan - cyflwyno gwybodaeth gyffredinol am leoliad/ dangos torf;
> pell - canolbwyntio ar ran o'r dorf;
> canolig - tynnu sylw at rywun, neu rywbeth penodol;
> agos/ canolig - corff cyfan;
> agos - hanner y corff ;
> tynn - wyneb;
> tynn iawn - un elfen megis y llygaid.

Os oes gennych y diddordeb gellwch awgrymu hefyd y math o gerddoriaeth a'r math o oleuo i'w defnyddio.

SGRIPTIO

Y Golygfeydd a ddewiswyd	Y math o saethiadau i'w defnyddio, a hefyd os dymunwch y gerddoriaeth a'r goleuo a ddewiswyd				

SGRIPTIO

Y Sgriptiau

Darllenwch yn ofalus y sgript deledu a'r sgript i'w pherfformio ar lwyfan er mwyn eu cymharu. Defnyddiwch y tabl isod i ddangos yr hyn sydd yn debyg ac yn wahanol yn y ddwy sgript.

	Tebyg	Gwahanol
Cyfarwyddiadau		
Cynnwys y golygfeydd		
Yr hyn sy'n bosibl ar sgrin ond nid ar lwyfan		

DEALL CYMERIADAU

Ar ddarn o bapur mawr, gellir tynnu llun amlinelliad o berson a'i roi ar wal. Gan ganolbwyntio ar un cymeriad ar y tro, gellir dewis geiriau gorau o'r testun sy'n disgrifio'r cymeriad a'u hysgrifennu oddi mewn i'r amlinelliad. Gellir ychwanegu at y "cymeriad" wrth fynd rhagddi i astudio'r nofel gyfan a'i ddefnyddio fel arf adolygu ac adnodd i hybu gwaith ysgrifenedig.

ADEILADU CYMERIAD

Gallwch wneud sawl fersiwn o'r corff marw e.e.:

- Llenwi'r tu mewn efo manylion cyffredinol am y cymeriad (efallai mai dyma fuasai eich cynnig cyntaf)
- Llenwi'r tu mewn efo manylion penodol e.e.
  - manylion am ei addysg ar ei fraich dde
  - manylion am ei ddiddordebau ar ei fraich chwith
  - cefndir teuluol yn ei ben ac ati
  - ac yna ychwanegu be mae cymeriadau eraill yn ei ddweud, neu yn meddwl am y cymeriad o dan sylw.
- Gellwch dynnu llinell i lawr drwy'r corff i'w haneru ac yna llenwi un ochr gyda'r manylion positif am y cymeriad (+) ac yna'r manylion negyddol ar yr ochr arall (-)

DIDDORDEBAU   ADDYSG   CEFNDIR TEULUOL
DWEUD AMDANO   MEDDWL AMDANO

Dyma restr o destunau defnyddiol y gallwch ysgrifennu amdanynt ar eich corff marw:

- manylion personol
- iechyd
- pethau mae'n eu hoffi / casáu
- cyfrinachau
- y gorffennol
- perthnasau / teulu
- deallusrwydd
- eiddo pwysig, diddorol
- cymeriad yn falch
- cywilyddio amdano
- cyfoeth
- gwaith / swydd
- uchelgais
- pryderon
- arwyr
- pobl maen nhw'n eu hedmygu
- digwyddiadau pwysig
- addysg
- cartref / lle maen nhw'n byw

DEALL CYMERIADAU

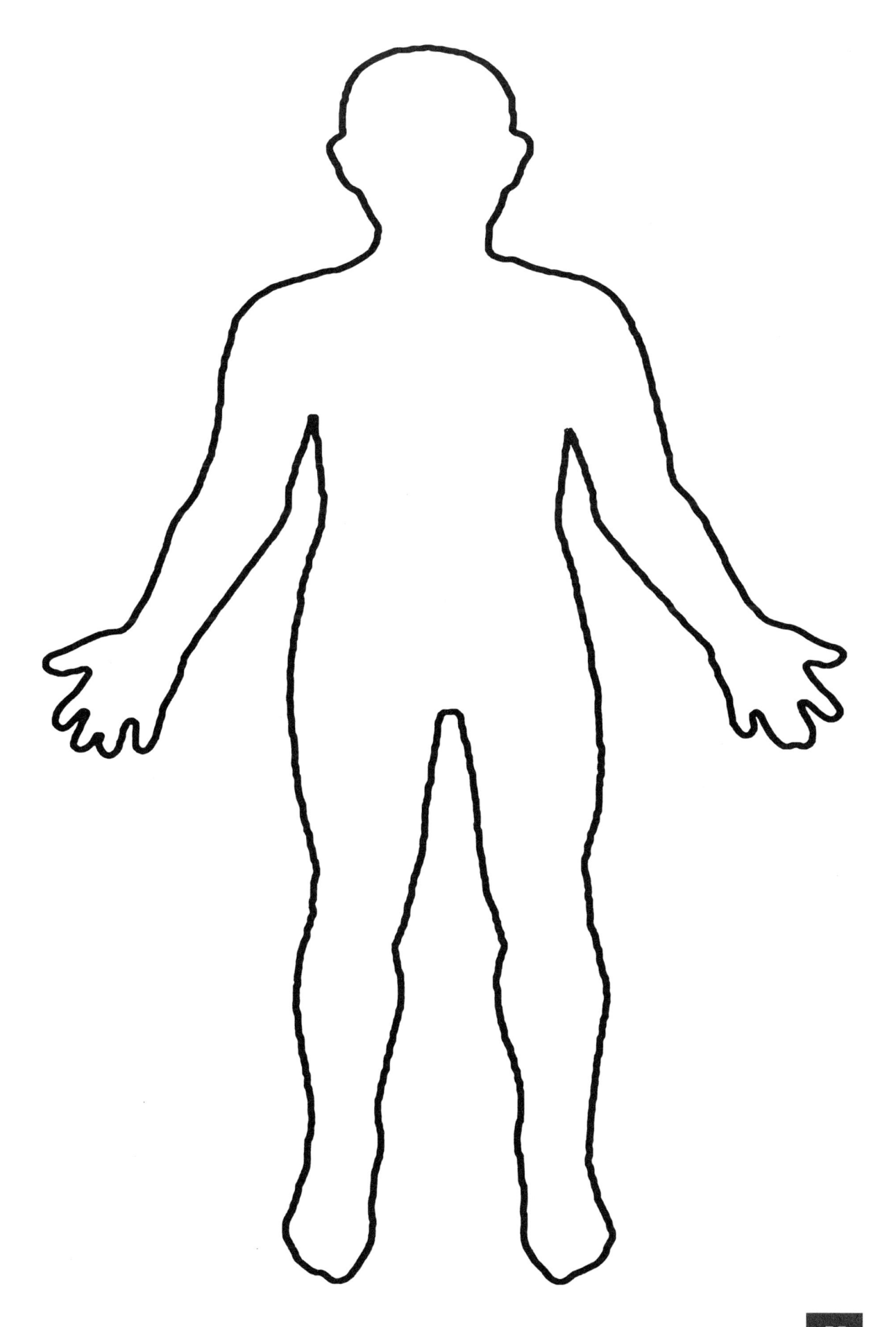

DEALL CYMERIADAU

CHWARAE RÔL

YMARFER Y GADAIR GOCH

- Ymarfer yw hwn pan mae aelod o'r dosbarth yn eistedd yn y gadair goch (neu'r gadair boeth!) i ateb cwestiynau am ei gymeriad. Y gamp yw ceisio cadw'n driw i'r cymeriad a rhoi atebion synhwyrol a chredadwy.
- Gall gweddill y dosbarth ofyn y cwestiynau y byddant wedi eu paratoi mewn parau.

Tasg Gymeriadu – Y Gadair Goch

> Darllenwch un uned (scenic unit) ac yna rhannwch yn dri grŵp sef grwpiau A, B a C – yn ôl faint o gymeriadau sy'n ymddangos yn yr olygfa honno. e.e. mae'r rhai syd yn A i gyd yn Martha, y rhai sydd yn B i gyd yn Jac ac ati…
>
> Ewch i'ch grwpiau yn ôl eich cymeriad (h.y. y rhai sy yn grŵp A i gyd gyda'i gilydd) a thrafodwch beth sydd wedi digwydd i'ch cymeriad a sut mae'n teimlo ar y pwynt hwn yn y nofel.

Y Gadair Goch

- Mae pob cymeriad yn cael cyfle i ofyn cwestiwn i gymeriad arall neu i ddweud rhywbeth maen nhw'n teimlo y dylen nhw ei ddweud.
- Mae angen i bawb aros yn eu rôl heblaw am y cadeirydd – athro o bosib.
- Pawb i aros yn eu grwpiau cymeriad.
- Gofynnir i bob grŵp a oes ganddyn nhw rywbeth i'w ddweud wrth gymeriad arall – gall unrhyw aelod o'r grŵp ymateb.
- Mae'r grwpiau cymeriad eraill yn cael cyfle i ymateb, naill ai fel un llais neu fel unigolion.

DEALL CYMERIADAU

Gwaith Pellach

Wedi ymateb i'r cwestiynau 'Gwerthuso'r Ymarfer:

Trafodwch yr hyn a ddywedwyd a'r ymatebion. Oes yna unrhyw ddaliadau, safbwyntiau, neu agweddau ar y cymeriadau yn yr uned hon yr hoffai pobl eu harchwilio ymhellach?

DEALL CYMERIADAU

Gwerthuso'r ymarfer – rhai cwestiynau i'ch helpu

1. Allwch chi ddisgrifio sut rydych chi'n teimlo ar y pwynt hwn yn y nofel?

2. Oeddech chi'n teimlo i chi fod yng nghanol yr hyn oedd yn digwydd, neu oeddech chi ar yr ymylon? Pam?

3. Ai chi oedd yn arwain ac yn cyfeirio'r ddeialog a'r gweithredoedd, neu ai ymateb roeddech chi yn bennaf?

4. Oedd 'na bethau roeddech chi eisiau eu gwneud yn ystod yr olygfa ond na wnaethoch chi?

5. Oedd 'na bethau roeddech chi eisiau eu dweud yn ystod yr olygfa ond na wnaethoch chi?

6. Beth sy'n gwneud i chi ymddwyn fel y gwnaethoch chi?

7. Beth oedd yn bwysig i chi yn yr ymarfer?

8. Nodwch unrhyw gwestiynau y buasech wedi hoffi eu gofyn i'r cymeriadau eraill ar y pwynt hwn yn y nofel.

DEALL CYMERIADAU

✎ Ysgrifennu

Mewn parau

Dewiswch un cymeriad ac astudiwch ei ymddygiad a'i ddatblygiad drwy gydol y ddrama. Rhestrwch y newidiadau sy'n digwydd i'r cymeriad. Gan ddefnyddio'r rhestr, ysgrifennwch ymson / monolog ar gyfer y cymeriad sy'n dangos yn glir sut y mae wedi datblygu.

Neu

Yn hytrach nag ysgrifennu rhestr gellir nodi datblygiad y cymeriad ar ffurf llinell amser fel sail i'r ymson / monolog.

> - Casglu gwybodaeth fanwl am y cymeriadau cyn dechrau ysgrifennu
> - Ysgrifennu yn eich geiriau eich hun gan osgoi defnyddio geiriau'r nofelydd
> - Astudio'n ofalus sut berthynas sydd rhwng un cymeriad ag un arall a sut y gall y berthynas honno newid
> - Parchu iaith lafar y cymeriadau yn eich deialog
> - Newid yr arddull yn ôl gofynion y ffurf
>
> O'r gyfrol TGAU: *Adolygu Bitesize Cymraeg Iaith Gyntaf*

Wrth ysgrifennu portread, ymson, dyddiadur neu lythyr cofiwch y bydd yn rhaid:

DEALL CYMERIADAU

Darllen ac Ysgrifennu

PORTREAD

Darllenwch y pytiau canlynol o'r nofel sy'n rhoi disgrifiadau byw i ni o'r cymeriadau:

JAC

> Jac oedd yr hyna', un bochgoch tew a 'tea cosy' am ei ben. Bob tro byddai'n cynhyrfu, ac fe fyddai hynny'n aml, fe fyddai'n arllwys cawod o rizzlas a matsys i bob man. Yr unig gliw i'w oedran mawr oedd y ffaith ei fod yn hercian dipyn wrth gerdded gan beri i fois y mart ei alw' 'tic-toc'. Wel, hynny a'r ffaith ei fod fel bom yn barod i ffrwydro unrhyw funud.

SAM

> Taflodd Sam ei ffag i'r llawr a'i gwasgu hi â'i droed. Dyn bochdew oedd Sam, gyda thrwyn mawr coch. Yn yr haf, byddai haul y môr yn cochi ei foche fel afale ac yn gwneud i'r dotiau duon o gwmpas ei drwyn fod mor amlwg â cherrig mân ar dywod melyn. Roedd yna rychau siâp adenydd gwylanod yng nghroen ei wddwg, ac fe wisgai'r un trowsus brown, welingtons a fest wen bob tro y deuai o gwmpas. Rhwbiodd ei fol ac edrych ar Sianco gan wenu.

Er mwyn ysgrifennu portread da, rhaid adnabod cymeriad yn drylwyr a sylwi ar y manylion lleiaf.

Gwaith Creadigol

> Ysgrifennwch ddisgrifiad o MARTHA drwy lygaid Gwynfor.
>
> **NEU**
>
> Ysgrifennwch bortread dychmygol o MAMI.
>
> **NEU**
>
> Defnyddiwch yr enghreifftiau uchod i ysgrifennu portread o UNRHYW GYMERIAD o'ch dewis chi.

DEALL CYMERIADAU

CYMERIAD SIANCO

Un o'r pethau cyntaf a ddysgwn am Sianco yw bod ganddo atal dweud. Beth wyddoch chi am atal dweud?

Er mwyn darganfod mwy gwyliwch y rhaglen *O'r Galon* sef cynhyrchiad Cwmni Fflic ar gyfer S4C yn darlunio hanes Martin Thomas sydd wedi dioddef o atal dweud ers pan oedd yn blentyn. Yn y rhaglen sonia Martin pa mor greulon y gall pobl eraill fod at berson sy'n dioddef o atal dweud. Mae plant yn arbennig, meddai, yn pigo ar wendidau.

> **Yn ôl gwefan www.canllaw-online.com, mae atal dweud yn teimlo fel hyn:**
>
> "... methu dweud y geiriau rwyt ti eisiau eu dweud. Mae dy dafod yn mynd yn gwlwm. Fel arfer, pan fydd rhywun yn siarad mae'r geiriau'n llifo. Ond i ti, dydyn nhw ddim, ac mae'n gallu bod yn boen ac yn embaras ac yn ddychryn hefyd. Mae llawer o bobl sydd ag atal dweud arnyn nhw'n brin o hunanhyder. Mae'n gallu bod yn brofiad brawychus hyd yn oed i sgwrsio gyda phobl eraill. Beth os ydyn nhw'n chwerthin? Mae hyn yn arbennig o wir am bobl ifanc. Rwyt ti eisiau dweud rhywbeth ac rwyt ti'n methu. Does dim rheswm amlwg, fe allai fod o ganlyniad i ffactorau corfforol, emosiynol neu oherwydd dylanwadau allanol fel ysgol a rhieni ..."

> **Yn ôl gwefan www.stammering.org:**
>
> - mae bechgyn bedair gwaith yn fwy tebygol o ddioddef o atal dweud na merched
> - mae 5% o blant yn dioddef o atal dweud am gyfnod
> - mae atal dweud yn medru mynd a dod, yn medru diflannu am fisoedd ac yna dychwelyd
> - mae ffactorau corfforol ac emosiynol yn medru dylanwadu ar atal dweud
> - mae help gan therapydd iaith a lleferydd yn medru gwneud gwahaniaeth mawr i rywun sydd ag atal dweud

DEALL CYMERIADAU

- Ydych chi'n adnabod rhywun sydd ag atal dweud arno?
- Darllenwch y ddau ddarn hyn allan o ddrama Dafydd Llywelyn Dawn Dweud.

DARN A

Hefin: Oi, thickie. Pwy sy'n methu siarad yn iawn ta?
Sion: Be?
Hefin: Gorfod ca'l Miss Jones i helpu chdi sut i siarad. Thick neu be?
Sion: Tydw i ddim yn thick, dallt?
Hefin: Hei, sbïwch ma' thickie efo tempar hefyd.
Sion: Cer i chwara efo d-d-dy nain.
Hefin: Be ddudis di?
Sion: Cer i chwara efo d-d-dy nain y m-mwnci hyll diawl.

DARN B

Sion: D-d-dwi 'di laru at bawb yn busnesu, trio helpu, bod yn bly-d-d-di ffeind.
Athrawes: Dyna pam ti'n treulio hanner dy oes yn ista' yn fan hyn?
Sion: Naci... ia. Does 'na neb yn fy nhrin i fel hogyn bach yn fan hyn, dwi'n ca'l bod fel dwi isio. D-d-dwi'n teimlo'n saff yma.
Athrawes: Ond be' ti'n neud yma drw'r amsar?
Sion: Edrych ar y pentra, gweld hwn a'r llall yn symud hyd y lle 'cw. Siarad, rhoi'r byd yn ei le a ballu.

DEALL CYMERIADAU

Trafodwch

- Cymharwch sut mae Sion yn teimlo yn Darn A ac yn Darn B.
- Ar ôl darllen Darn A, ydych chi'n gallu deall pam mae e'n gorfod dianc?
- Pa mor wahanol ydy Sion i Sianco?

> "Plant 'yn nhw a sbort yw e. Sbort, sbort, sbort"

- Ydych chi'n cytuno â'r gosodiad hwn ynte dylai mwy gael ei wneud i addysgu plant yn yr ysgol am atal dweud?

Ysgrifennu Creadigol

Naill ai

- Lluniwch ddwy ymson fer gan Sion:
  (i) Ar ôl bod yn sgwrsio gyda Hefin.
  (ii) Ar ôl bod yn sgwrsio gyda'r Athrawes.

Neu

- Ysgrifennwch ddeialog rhwng Sion a'i ffrindiau pan oeddynt yn yr ysgol.

Ysgrifennu

- Fel dosbarth, ar ddarn mawr o bapur tynnwch lun pen i gynrychioli pen Sianco. Rhestrwch a thynnwch luniau popeth y credwch sy'n mynd drwy feddwl Sianco tua diwedd y nofel.
- Gallwch ddefnyddio hwn fel sail i'r dasg ymarferol ganlynol.

Gwaith ymarferol: creu golygfa sŵn (sound scape)

- Fel dosbarth: mae angen i bawb ddewis un peth sy'n mynd drwy feddwl Sianco. Gallwch ddewis dyfyniad o'r ddrama, synau cefn gwlad e.e. y brain, anifeiliaid eraill ar y fferm, llinellau o ddeialog gan gymeriadau eraill y ddrama. Y nod yw ceisio creu'r dryswch sydd ym mhen Sianco.
- Gallwch ychwanegu'r synau fesul un, gyda'i gilydd, rheoli cryfder y sŵn. Arbrofwch!

DEALL CYMERIADAU

Gwaith ymarferol: creu 'Twnnel Teimladau'

- Bydd angen i un disgybl wirfoddoli i bortreadu Sianco tra bod gweddill y disgyblion yn sefyll mewn dwy res yn wynebu ei gilydd.
- Bydd un rhes yn cynrychioli Martha a'r llall yn cynrychioli Jac.
- Tra bydd 'Sianco' yn cerdded i lawr y twnnel teimladau bydd y ddwy res yn dweud beth sy'n mynd drwy eu meddyliau.
- Gellir canolbwyntio ar un rhan o'r nofel yn unig neu ystyried y nofel gyfan.

Trafod ac Ysgrifennu

Gellir ailchwarae'r olygfa gyda Sianco yn ymateb i'r hyn a ddywedir amdano.

Dychmygwch mai chi yw Sianco. Ysgrifennwch ymson / monolog yn disgrifio sut yr ydych chi'n teimlo. Gallwch seilio'r gwaith ar unrhyw ran o'r nofel.

Cofiwch:
- Rydych chi'n ysgrifennu beth sy'n mynd trwy eich meddwl
- Rydych chi'n defnyddio iaith lafar
- Chi sy'n dewis lle rydych chi a phryd.
- Gellwch berfformio'r gwaith.

Tasg: Ysgrifennu Creadigol

Ysgrifennu

Ysgrifennwch araith naill ai o blaid neu yn erbyn y datganiad:

> 'Cyfrifoldeb teulu yw edrych ar ôl aelod sydd â nam meddyliol.'

Darllen

Er mwyn cael syniadau pellach gallwch ddarllen y dramâu
- "Yn Debyg Iawn i Ti a Fi" gan Meic Povey
- "Bobi a Sami" gan Wil Sam gol 1 tud 84 -85

DEALL CYMERIADAU

Tasg: Mynegi Barn

Ysgrifennwch araith naill ai o blaid neu yn erbyn y datganiad hwn:

> "Dylai pawb sy'n priodi greu cytundeb ysgrifenedig cyn dydd y briodas. Eilbeth yw cariad."

Defnyddiwch yr ymadroddion hynny sy'n addas i'w cynnwys mewn araith.

Gwaith Llafar: Dadl Dosbarth

- Defnyddiwch eich araith fel sail i ddadl dosbarth.
- Gall hanner y dosbarth ddadlau o blaid y datganiad a'r hanner arall yn ei erbyn.
- Gall yr athro fod yn gadeirydd sy'n cadw trefn.

Ymadroddion defnyddiol ar gyfer cyflwyno a herio barn

Yn fy marn i…   Rwy i'n credu…   Rwy'n deall bod…

Mae llawer o bobl yn derbyn bod…

Rwy i wedi gwneud llawer o ymchwil ac mae gen i dystiolaeth i brofi bod…

Rwy'n cytuno â'r hyn a ddywedest ti a hoffwn ychwanegu…

Rwy i wedi gwrando ar yr hyn a ddywedest ti ac am ei gefnogi gyda…

Rwy'n parchu dy safbwynt ond yn anghytuno â'r rheswm amdano…

Gyda phob parch, rwy'n deall yr hyn rwyt ti'n ei ddweud, ond rwy'n anghytuno…

Rwy'n anghytuno'n llwyr â'r hyn rwyt ti'n 'i ddweud oherwydd…

Pa dystiolaeth sydd gen ti i gefnogi dy ddadleuon?

Ar beth mae'r dystiolaeth yn seiliedig?

Sut wyt ti'n disgwyl i bobl gredu'r hyn rwyt ti'n ei ddweud?

DEALL CYMERIADAU

CYMERIAD MARTHA

Trafod ac Ysgrifennu

Mewn parau:
- Trafodwch y gwahanol emosiynau mae Martha yn eu profi yn ystod y nofel / y ddrama / y sgript. Sut mae hi'n ymateb i'r gwahanol sefyllfaoedd?
- Fel dosbarth – ar ddarn mawr o bapur – ysgrifennwch enw Martha ar ei ganol a nodwch yr ystod o emosiynau mae hi'n eu profi yn y nofel / y ddrama/ y sgript ar ffurf siart pry cop.
- Gwnewch siart amser ar ei chyfer yn dangos beth sydd wedi digwydd iddi neu ddigwyddiadau sy'n effeithio ar bobl a phethau o'i chwmpas.

Trafod ac Ysgrifennu

A

Disgrifiwyd Martha gan Non Tudur mewn adolygiad o'r nofel fel "yr hen ferch ddiwyd, ddirwgnach, gall".

I ba raddau y mae hyn yn wir? Trafodwch a defnyddiwch y daflen gyda'r llun o'r corff arno i nodi disgrifiadau ohoni. Gallwch nodi ffeithiau amdani y tu mewn i'r amlinelliad o'r hyn a ddywedir gan eraill amdani ar y tu allan.

B

Defnyddiwch y wybodaeth hon fel sail i ysgrifennu portread ohoni. Os nad ydych yn gallu darganfod gwybodaeth yn y nofel / y ddrama/ y sgript, defnyddiwch eich dychymyg i ddisgrifio'i phryd a'i gwedd, ei gwisg, ei phersonoliaeth, ei theimladau a'i diddordebau.

DEALL CYMERIADAU

Darllen ac Ysgrifennu

Darllenwch y detholiad canlynol o ddechrau Pennod 6 yn y nofel:

> Fore Dydd Iau roedd Martha'n paratoi mynd i'r dre. Roedd hi wedi smwddio'i siwt las yn barod. Roedd bob dydd Iau'r un fath. Mynd yn hen gar Jac lawr i'r dre, codi pils Sianco a phensiwn Jac, mynd i'r Co-op i brynu bwyd, neud negeseuon yn y dre, ac wedyn galw yn y caffi am de cyn dod adre i neud swper. Pwysodd Martha ymlaen ac edrych drwy ffenest ei llofft i weld oedd angen cot drom arni.

Darllenwch y detholiad isod hefyd, sy'n rhoi darlun pellach o Martha:

> Aeth at glawdd ucha ca' Marged a sefyll o dan freichiau noeth y dderwen fawr sy'n ymestyn i'r awyr. Sefodd yno am eiliad. Cydiodd yn y ffens a dal i edrych o gwmpas. Agorodd y cwdyn plastig a thynnu rhith arall allan ohono. Eisteddodd yn ara bach ym môn y clawdd a thynnu ei choesau tuag at ei brest fel croten fach. Roedd ei llygaid yn dywyll a gwlyb yng ngolau'r lleuad a'i gwallt yn sgleinio'n ole. Ochr arall i'r cae, roedd y babell. Roedd y gwynt wedi tynnu ei chornel hi i lawr ac roedd ei cheg ar agor.
>
> Dechreuodd Martha lefen. Llefen a llefen fel petai'n ddiwedd y byd. Llefodd nes bod ei llygaid yn goch a'i hwyneb yn wlyb sopen. Llefodd nes clywed curiad ei gwaed yn ei phen a'i thrwyn yn llenwi. Doedd ei llefen hi ddim yn bert o gwbwl. Llefai â'i sŵn, fel sŵn cadno yn udo, heb reolaeth. Cydiodd yng nghylch gwamal y rhith flode fel petai honno'n achubiaeth iddi. 'Pan weli ddraenen wen a gwallt ei phen yn gwynnu'. Yna, dechreuodd ei hanadlu arafu. Sychodd ei gwyneb â hances boced a chydiodd yn y ffens er mwyn codi'n ara. Gwthiodd y rhith i mewn i ganol y drysni yn y clawdd. Doedd dim ruban ar hon, dim byd fyddai'n gadael ei hôl wedi iddi bydru. Roedd hi'n edrych fel nyth fach yn y trash.
>
> Fel nyth fach ar gyfer y gwanwyn. 'Cei hau dy had bryd hynny'. Doedd dim daioni yn dod o unrhyw beth a fyddai wedi cael ei hau cyn hynny gan nad oedd y ddaear yn ddigon cynnes a heb fod yn barod. Lapiodd Martha'r cwdyn plastig a'i wthio i mewn i'w phoced cyn cerdded yn ara am adre.
>
> Y tu ôl i'r clawdd isa, cododd Sianco ar ei draed. Roedd wedi bod mewn penbleth. Mynd ati i gysuro'i chwaer, neu beidio. Pe byddai'n gwneud fe fyddai hi'n gwbod ei fod wedi sleifio mas o'r tŷ. Byddai Sianco'n mynd trwy'r run ddeilema bob blwyddyn pan ddilynai e Martha lan i'r eglwys a'i gwylio o bell. Wedyn fe fyddai'n cuddio tu ôl i'r clawdd yn gwrando ar yr udo, a'i stumog mewn cwlwm. Bob blwyddyn, fyddai e byth yn mentro mynd ati a bob blwyddyn byddai'n rhedeg adre cyn iddi hi gyrraedd. Rhedodd yn dawel bach yn ôl am y tŷ â'i gap gwlân yn dynn dros y goron bapur goch.
>
> (tud 173/4)

DEALL CYMERIADAU

Chwiliwch am:	Enghreifftiau
eiriau tafodieithol	
ferfau yn y peson cyntaf	
frawddegau byrion	
gymariaethau	
ailadrodd	

DEALL CYMERIADAU

Gwaith ymarferol

Gofynnir i'r dosbarth eistedd mewn cylch.

- Dewiswch ddisgybl i gymryd rôl Martha a dewiswch ddisgyblion eraill i fowldio'r cymeriad ar gyfer un rhan o'r detholiad.
- Dewiswch ddisgybl arall i chwarae rhan Sianco a gofynnwch i ddisgyblion ei fowldio yntau fel bod y ddau gymeriad wedi rhewi tra ailddarllenir y detholiad.
- Wrth fowldio dylid rhoi sylw i'r modd y mae siâp y corff, mynegiant wyneb, ystumiau ac osgo yn mynegi'r emosiwn, tensiwn a pherthynas.
- Gellir creu cyfres o ddelweddau ar gyfer y detholiad.

Gweithgaredd creadigol

Gan ddefnyddio'r wybodaeth yn y darnau uchod a'r wybodaeth yn y grid, ysgrifennwch ddyddiadur un diwrnod Martha.

Cofiwch

- gadw naws ac awyrgylch y nofel
- dylech ysgrifennu'n naturiol gan ddilyn y math o iaith sydd yn y nofel h.y. osgowch ddefnyddio iaith ffurfiol ond yn hytrach defnyddiwch dafodiaith y cymeriad.

DEALL CYMERIADAU

Er mwyn astudio datblygiad pellach yng nghymeriad Martha darllenwch y detholiad canlynol

> "Ces i fabi unwaith Sianco."
>
> Neidiodd hwnnw, dim oherwydd ei geiriau, ond oherwydd iddi dorri ar draws ei fyfyrdod.
>
> "Wel, am bach," ail-gychwynnodd Martha, "ces i un am sbel. Reit fan hyn."
>
> Canodd gwdi-hw mewn rhyw glawdd yn y pellter ac edrychodd Sianco i fyny i gyfeiriad y sŵn wrth i ganol du ei lygaid ledu.
>
> "Un Wil oedd e," roedd y geiriau fel petaen nhw'n dod o rywle arall, "a ces i fe fan hyn, pan ron ni'n paratoi hau'r barlys."
>
> Doedd Martha ddim hyd yn oed yn gwrando arni hi ei hunan.
>
> "Pymtheg o'n i a do'n i ddim yn gwbod 'i fod e'n dod."
>
> Edrych ar y cathod bach wnaeth Sianco a dweud dim.
>
> "Nath e ddim byw. Ond 'nes i ddim byd iddo fe. Cydies i ynddo fe'n dynn dynn dynn."
>
> Gwenodd Sianco arni wrth feddwl am y fath fagad.
>
> "Ac wedyn rodd e wedi mynd."
>
> Nodiodd Sianco ei ben
>
> "Do'n i ddim yn gwbod beth i neud. Allen i ddim gweud wrth Mami. Claddes i fe fan hyn, yn y clawdd fan hyn ac es i gatre i folchi. Odd e'n fach, fach, rhy gynnar iddo fe ddod falle. Dyw Wil ddim yn gwbod hyd heddi cofia, do's neb yn gwbod."
>
> Chwythodd y gwynt ddarn o wallt i mewn i lygad Sianco.
>
> "Da Gwynfor ddylen i fod 'di ca'l babi ti'n gweld. Ond allen i byth adel fan hyn allen i? Sa i'n credu nath yr un bach hyd yn oed lefen."
>
> Gwthiodd Sianco'r gwallt allan o'i lygaid er mwyn cael gweld yn well.
>
> "Odd hi rhy gynnar. Do'n i ddim ise 'neud dim byd 'da Wil, ond ches i ddim dewis."
>
> Roedd geiriau Martha wedi cael eu gwasgu y tu mewn iddi trwy'i hoes ac wedi mynd yn galed ac yn fach ac yn sych. Fe deimlai fel pe bai hi'n poeri cerrig mas a rheini'n glanio'n drwm wrth ei thraed.
>
> "Ches i ddim dewis…"
>
> Doedd dim pwynt dweud rhagor. Edrychodd hi ar y cathod bach a chodi un yng nghledr ei llaw gan edrych ar ei wyneb bach a'i lygaid yn dynn ar gau.
>
> Gwrandawai Sianco am y gwdihŵ gan wylio Martha'n maldodi'r gath fach. Tarodd ei feddwl yn ôl ymhell i'r diwrnod hwnnw y gwelsai Martha'n claddu rhywbeth dan y dderwen. Ar ôl iddi redeg am adre, aeth Jac ac yntau i edrych beth oedd yno. Pan welodd y ddau beth oedd hi wedi ei gladdu, fe ail-gladdon nhw fe a rhedeg nerth eu traed am y stordy i gwato. Wedodd y ddau ddim gair wrth neb a soniodd neb am y peth tan nawr.
>
> Eisteddodd Martha a Sianco yno am ennyd gan edrych ar y gath fach, cyn i'r gwdihŵ hwtian unwaith eto. Trodd Sianco gan wrando ar y nodau isel a gwenu'n llydan at Martha.
>
> (tud 173/4)

DEALL CYMERIADAU

Rhestrwch yr wybodaeth ychwanegol sydd am Martha yn y darnau uchod:

1 _____

2 _____

3 _____

4 _____

5 _____

6 _____

DEALL CYMERIADAU

Trafodaeth grŵp

- Wedi darllen yr olygfa uchod, darllenwch yr olygfa ar ffurf sgript lle mae Martha'n cyfaddef wrth Sianco iddi eni babi yno.
- Beth sydd yn debyg ac yn wahanol rhwng y ddwy olygfa?

Yn debyg

-
-
-
-
-

Yn wahanol

-
-
-
-

DEALL CYMERIADAU

Ysgrifennu Creadigol

Darllenwch y disgrifiad o'r caffi yn y dre:

> Roedd y dre'n brysur ac fe aeth mwy o amser nag arfer i neud y negeseuon. Roedd hi'n ddiwrnod mart hefyd a chaffi Eurwen yn llawn dop. Archebodd gwpaned o goffi llath a chacen. Byddai hi bob tro'n yfed coffi yn y caffi gan ei bod hi'n medru cael te gatre. Byddai hi'n gwrthod y sgons a'r pancws hefyd am rywbeth bach mwy egsotig. Aeth i eistedd gan aros am un o'r merched ifainc i ddod â'i harcheb at y ford. Fyddai hi fyth yn siarad â neb yn y caffi, dim ond eistedd a gwrando ac edrych ar beth y byddai'r menywod eraill yn ei wisgo.
>
> Doedd y caffi heb newid rhyw lawer chwaith dros y blynyddoedd. Roedd y cownter pren yn union yr un peth a'r arwydd glas uwch ei ben yn sillafu'r run hen eiriau ' Cigarettes, Sweets and Mineral's'. Roedd y byrddau fformica coch wedi treulio'n gymylau gwyn dan benelinoedd pobol a'r gronynnau halen arnyn nhw'n neidio wrth i'r archeb landio. Byddai Martha bob tro'n ymladd yr awydd i nôl clwtyn a'u sychu'n lân. Roedd y gwydr yr un peth hefyd. Hen wydr mawr anferth yn rhedeg ar hyd a lled un wal a roddwyd yno gan berchennog craff er mwyn gwneud i'r lle edrych ddwywaith ei faint.
>
> Y newid mwya oedd y merched y tu ôl i'r cownter. Roedd y rheini'n ifancach ac yn llawer mwy swrth. Ddim fel y merched oedd yno pan gwrddodd Martha â Gwynfor am y tro cynta ar ddiwrnod mart. Erbyn hyn roedd yn rhaid llyncu'r coffi a'r gacen yn gloi er mwyn gwneud lle i rywun arall. Rhywbeth hamddenol fyddai cael te mas pan fyddai Mami a hithau'n dod yno slawer dydd. Roedd popeth yn lanach bryd hynny hefyd meddyliodd Martha. Sylwodd Martha fod y caffi wedi gwacáu a chlywodd hi dap tapian diamynedd ewinedd ar y cownter. Rhoddodd hi'r newid iawn ar y ford a gadel.
>
> Wrth yrru i mewn i'r clôs gwelodd Martha'r car dierth. Wrth iddi gasglu ei phethe a cherdded am y drws meddyliodd pa rep oedd wedi galw heibio. Roedd hi'n rhy gynnar i'r rep cec ac roedd dyn y stwff glanhau'r parlwr wedi bod. Sylwodd fod stêm ar ffenestri'r gegin. Gwthiodd y drws gan straffaglu dan bwysau'r cydau plastig o'r Co-op. Gollyngodd y bagiau ar y llawr. Rholiodd afalau i bobman a gwyliodd Sianco nhw'n mynd nes i un afal arafu a siglo gan aros yn stond wrth draed Judy.
>
> "O dear," gwenodd Judy heb blygu i'w godi. "Hope you don't mind but I've made tea already, seeing you were so late. It's Spaghetti Bolognaise. You can freeze whatever you've bought, can't you?"

DEALL CYMERIADAU

Gwaith Creadigol

Naill ai

A chithau wedi astudio sgript deledu Caryl, lluniwch sgript deledu fer rhwng y "menywod eraill" y mae Martha'n "eistedd a gwrando" arnynt yn sgwrsio yn y caffi. Fydd dim angen dilyn yr hyn sy'n digwydd yn y nofel. Gall Martha gael ei thynnu i mewn i'r sgwrs.

Neu

Ysgrifennwch olygfa yn y caffi pan gwrddodd Martha a Gwynfor am y tro cynta ar ddiwrnod mart.

DEALL CYMERIADAU

CYMERIAD JAC

Gwaith ymarferol

> "Fi yw'r hena a fi ddyle fod wedi ca'l popeth"
>
> Jac (tudalen 41)

- Dylai un disgybl gymryd rôl Jac a bydd angen i'r disgyblion eraill ei fowldio i siâp y cymeriad ar gyfer y dyfyniad hwn. Dylid rhoi sylw i'w fynegiant wyneb, ystumiau a'i osgo gan ei rewi fel y cymeriad.
- Dylai disgybl arall gymryd rôl cymeriad arall yn y ddrama e.e. Martha neu Judy. Mowldiwch y cymeriad yma eto.
- Penderfynwch fel dosbarth beth fuasai'r sgwrs rhwng Jac a'r cymeriad arall. Os oes gan aelod o'r dosbarth syniad am linell o ddeialog, dylai fynd i sefyll y tu ôl i'r cymeriad llonydd a llefaru ei linell.
- Yn yr ymarferiad hwn cewch gyfle i ddarlunio'u syniadau, trafod posibiliadau ac o'r herwydd archwilio'r testun, cymeriadau a syniadau.

Gwaith ymarferol

- Gwelir newid yng nghymeriad ac agwedd Jac.
- Ar gyfer y dasg creu twnnel meddyliau, mae angen i aelod o'r dosbarth gymryd rhan Jac gyda gweddill y dosbarth yn ffurfio dwy res yn wynebu ei gilydd. Mae un rhes yn cynrychioli ei feddyliau cyn cyfarfod â Judy a'r rhes arall yn cynrychioli ei feddyliau ar ôl ei chyfarfod.
- Fel mae Jac yn cerdded yn araf drwy'r twnnel meddyliau – sef rhwng y ddwy res – rhaid i chi ddweud yn unigol beth sydd ar eich meddwl a sut rych chi'n teimlo.
- Trafodwch y newid yng nghymeriad Jac.

DEALL CYMERIADAU

CYMERIAD MAMI

Gwaith ymarferol:

- Rhannwch y dosbarth yn dri grŵp sef un grŵp i gynrychioli naill ai Martha, Jac neu Sianco. Mae angen i bob grŵp ddychmygu eu bod newydd dderbyn copi o ewyllys Mami.
- Gellir dewis un unigolyn ymhob grŵp i gynrychioli'r cymeriad.
- Gall gweddill y grŵp fowldio'r unigolyn i siâp y cymeriad pan dderbynia gopi o'r ewyllys.
- Gall y cymeriad wedyn ddod yn fyw wrth ymateb i gynnwys yr ewyllys.
- Mae angen i'r grŵp benderfynu beth yw ymateb y cymeriad – yn gorfforol ac ar lafar.

WWW.BLOGDOGFAEL.ORG
Colli ffrind
Detholiad o deyrnged Lyn Lewis Dafis i Alun Creunant Davies

Fe fues i mewn angladd ddoe, angladd ffrind i mi. Roedd ACD yn ddigon hen i fod yn dad i mi; a phe bai rhywun wedi dweud y gallen i fod wedi bod yn ffrind rhyw ddydd gyda rhywun yr un oed â'm tad fuaswn i ddim wedi credu'r peth. Ond roedd hynny cyn imi ddod i adnabod y rhyfeddol ACD yn iawn. Dyma ddyn a oedd yn caru bywyd yn ei holl gyflawnder, ac roedd y cariad hwnnw at fywyd yn cael ei adlewyrchu ym mhob dim yr oedd yn ei wneud.

Yr oedd wedi llenwi ei fywyd ei hun a gwasanaeth a'r goron ar bob gwasanaeth i ACD oedd gwasanaethu'r Arglwydd. Dwi'n diolch i Dduw am fod wedi cael ei adnabod, ac am fod wedi ei gael yn gyfaill am bron i ddeng mlynedd; am fy mod wedi cael cyngor ganddo pan oedd angen, am fod wedi ei glywed yn adrodd ei straeon fel cyfarwydd cynnil, am fod wedi rhannu rhai profiadau gydag ef, am fod wedi bod yn denant iddo, am fod wedi cael croeso ganddo, am ei fod wedi ymddiried ynof finnau a chaniatáu i mi i fod o gymorth iddo yntau hefyd. Nid oes amheuaeth y bydd Cymru'n dlotach hebddo, ond bydd unigolion oedd yn ei adnabod yn dlotach hefyd.

> Gorffwys dyro, Grist, i'th was gyda phawb o'th saint,
> lle nid oes gofid mwy na phoen,
> na gorthrymderau blin a gwae,
> ond bywyd yn dragwyddol.

DEALL CYMERIADAU

Ysgrifennu Creadigol

Naill ai

Lluniwch Flog megis Blog Dogfael.
Gall y person fod yn ddychmygol

Neu

Stori Fer gyda'r teitl
"Beth wedai Mami?"

THEMÂU

THEMA: CYMRU A CHYMREICTOD

> "Mae'r nofel yn astudiaeth berffaith o rwystredigaeth Gymreig"
>
> *Elinor Wyn Reynolds*

Trafod

ETIFEDDIAETH
Beth a olygir wrth y term hwn?

Cymharu dwy gerdd

Darllenwch y detholiad o 'Hedydd yn yr Haul' gan T. Glynne Davies:

Llyfr Hanes

A Duw yn y dyddiau hynny a greodd rywbeth
Amgenach nag ymlusgiaid y ddaear,
Gwyrth fwy nag electron,
Fwy cymhleth na'r natur ddynol,
Rhyfeddod mwy lliwgar na'r enfys,
Mwy annatod nag atom.

Fe greodd Duw fap,
Ac arno 'roedd smotyn,
Ond 'roedd o'n smotyn
Â siâp iddo,
Siâp fel hen ddynes
Yn pwyntio at lesni'r môr,
At bysgod
Ac at Iwerddon:
Hen ddynes,
Hen wraig,
Hen wrach,
Hen ferch –

THEMÂU

Dewiswch fel y mynnoch.

Ond Duw a gymerth y smotyn
Yn annwyl i wres bythol ei galon,
Ac fe lanwodd y smotyn
Â thrugaredd
Ac etifeddiaeth
A hanes,
A'i lapio yn dyner mewn deigryn
Fel bod 'och' ymhob calon;

Yn y smotyn hwn, meddai Duw
Bydd pob calon yn gignoeth.

Fe gânt eiriau fel
Hiraeth a
Gofid a
Galar.
Fe gânt hanes
Llawn gormes a brad a gwaradwydd:
Fe gânt iaith
A fydd ar drengi'n dragywydd
Ac enaid
A fydd yn troi a throsi yn ei gwsg
Yn oes oesoedd.
Ond yma, medd Duw,
Bydd cariad yn teyrnasu;

Ac yna,
Gan redeg ei fysedd trwy'i farf yn gariadus,
Fe alwodd y smotyn yn Gymru.

Hwdiwch, meddai Duw:
Dyma'ch etifeddiaeth.

Darllenwch yn ogystal y gerdd 'Etifeddiaeth' gan Gerallt Lloyd Owen

THEMÂU

Trafodwch

- Cymharwch gynnwys y ddwy gerdd
- Cymharwch sut mae'r beirdd yn cyfleu eu neges

Gellwch gael cymorth drwy edrych ar dudalennau 26 – 27 'Cymharu dwy gerdd'. *Adolygu Bitesize Cymraeg, Iaith Gyntaf* (Gwasg Gomer)

Ceir dadansoddiad o'r gerdd, *Etifeddiaeth* yn yr un gyfrol.

THEMÂU

THEMA: CEFN GWLAD

> "Nofel am gefn gwlad yw Martha Jac a Sianco"
>
> *Caryl Lewis*

Arddull Caryl Lewis

Mae *Martha Jac a Sianco* yn frith o ddywediadau cefn gwlad e.e.

- "Tato o'r un rhych",
- "Synnen i fochyn".

Ym mhennod 10 adroddir hen bennill:

> Pan weli di ddraenen wen
> a gwallt ei phen yn gwynnu,
> ei gwraidd sydd yn cynhesu.
> Cei hau dy had bryd hynny.

- A wyddoch chi am ddywediadau/ rhigymau eraill?
- Beth am gasglu rhagor o enghreifftiau?
- Beth am greu dywediadau eich hun – wedi eu seilio ar wrthrychau cyfoes e.e. neges tecst ac e-bost?

Dywediadau a rhigymau

THEMÂU

Meddai adolygydd ar safle w.w.w.gwales.com am Caryl Lewis:

> Cyfoethogir y gwaith gan dafodiaith Ceredigion, a thrwy'r amser rydym yn ymwybodol fod yr awdur yn adnabod ei chymeriadau a'i chynefin yn dda iawn. Ambell waith ceir disgrifiadau hyfryd o fyd natur.

Ymhlith un o'r 'disgrifiadau hyfryd' hyn y mae:

> … roedd golau'r dref yn gwaedu golau oren ar hyd y lle. Roedd y caeau'n anadlu'n wlyb yn y nos, a'r cloddiau fel gwythiennau'n ymestyn tuag at y tŷ.
>
> *(Tudalen 8)*

- Dyma enghraifft sy'n dangos Caryl Lewis yn personoli, sef rhoi nodweddion dynol i wrthrych nad yw'n ddynol. Allwch chi ddarganfod enghreifftiau mewn gweithiau llenyddol eraill yr ydych yn eu hastudio?
- Ceir disgrifiadau byw iawn o anifeiliaid yn y nofel. Y mae Pennod 4 a 22 yn canolbwyntio'n llwyr ar ddisgrifio Roy y ci defaid.
- Darllenwch y disgrifiadau hyn ac yna cymharwch y disgrifiad hwn o'r ci defaid yn yr englyn canlynol o waith Tom Richards:

Y CI DEFAID

Rhwydd gamwr hawdd ei gymell – i'r mynydd
      a'r mannau anghysbell.
   Hel a didol diadell
   Yw camp hwn yn y cwm pell.

THEMÂU

ADAR

> "Rwy'n hoff o adar – y ffordd maent yn llawn bywyd a thrydar ac yna'n diflannu ar ôl marw fel pe na baen nhw erioed wedi bodoli"
>
> *Caryl Lewis*

- Ceir llawer o gyfeiriadau at adar mewn llenyddiaeth. Allwch chi feddwl am enghreifftiau?

- Darllenwch y disgrifiad hwn o ffermdy Graig-ddu ar ddechrau Pennod 6:

> Yno, ar y clôs roedd Sianco'n wilibowan. Gwyliodd e am eiliad. Edrychodd Sianco o'i gwmpas cyn cerdded rhwng y tractor a'r treiler. Pan oedd o'r golwg, sylwodd Martha fod eisiau golchi'r ffenestri. Ar ôl eiliad, dyma Sianco'n dod i'r fei unwaith eto ac yn rhedeg fel cythrel cyn cuddio y tu ôl i wal y parlwr godro. Gwyddai Martha beth fyddai'n digwydd nesa a setlodd yn ôl i fwynhau'r sioe.
>
> Mewn munudau dyma Jac yn dod o rywle a mwg y baco fel cwmwl o gwmpas ei ben. Roedd e'n mynd yn ei gyfer fel arfer. Tynnodd ei hun i fyny i mewn i gab y tractor a chau'r drws. Taniodd yr injan a gollwng yr hand-brec. Suddodd Sianco'n is y tu ôl i'r wal. Roedd Martha'n gwenu'n barod. Rhoddodd Jac y tractor mewn gêr a bant ag e, ond gan adael y treiler yn sefyll yn llonydd ar ganol y clôs. Erbyn i regfeydd Jac gyrraedd y clôs ar y gwynt roedd Sianco wedi dianc ymhell i ffwrdd i'r ydlan â'r lynchpin yn saff yn ei boced. Chwarddodd Martha unwaith eto…
>
> "Martha! Chi 'di gweld y crwt na?" Roedd drygioni Sianco wedi egino'i dymer yn fflam.
>
> "Nadw Jac."
>
> "A lle ych chi'n mynd 'to te? O's rhaid i fi neud y cwbwl yn y lle 'ma o hyd?"
>
> Taflodd Martha ei bag ar sedd draw'r car.
>
> "I'r dre. Os chi moyn swper heno, ma'n well i fi fynd i hôl cwpwl o negeseuon. Os rhywbeth 'da chi weud am 'na 'to te?"
>
> Oedodd Jac am eiliad cyn edrych ar y llawr. Troiodd ar ei sawdl a sgelcian am gytiau'r cŵn. Wrth i Martha droi'r car am giât y clos gwelodd Jac yn cydio yn Bob wrth ei goesau ôl a dal ei ben jest uwchben cafan dŵr y da godro.
>
> "Sianco!" gwaeddodd Jac nerth ei ben.
>
> "Os na ddei di â'r ff… pin 'na nôl i fi nawr ma Bobby bach yn mynd i ddysgu nofiad dan dŵr." Roedd gwên faleisus ar ei wyneb.
>
> Gwyliodd Martha'r ci bach yn ymladd fel pysgodyn ar fachyn. Wrth ddreifio i fyny'r lôn edrychodd yn ôl i weld Sianco'n dod yn drad i gyd â'i lygaid yn fawr mewn ofon.

THEMÂU

Ysgrifennu Creadigol:

Ceisiwch efelychu arddull Caryl Lewis ar gyfer creu eich disgrifiad eich hun o ystafell neu adeilad.

Gwaith Trafod

> Mae hi wedi "gweud hi fel ma' hi" am y sefyllfa yng nghefn gwlad, ond mae hefyd wedi ceisio darlunio ochr braf y bywyd hwnnw.
>
> *Non Tudur*

Ydych chi'n cytuno â'r datganiad hwn? Ynteu darlun tywyll a phesimistig iawn o fywyd cefn gwlad a gawn gan Caryl Lewis?

Meddai hi:

> "roeddwn yn gweld ffordd arbennig iawn o fyw yn dioddef a diwylliant y fferm fach deuluol yn diflannu".

Darllenwch y detholiad canlynol o *Martha Jac A Sianco*:

> "Dreifio rownd yn y 4x4s 'ma. Ma'r EU yn dda wrth rai, ta beth..." Pwysodd i edrych heibio'r posteri yn y ffenest ar y cerbyd. Tynnodd wynt trwy ei ddannedd. "Siŵr o fod gwerth ugen mil fan'na, on'd o's e? Rhaid mod i yn y job rong, myn diawl i."

Trafod

- Ai dyma'r farn gyffredinol am ffermwyr?
- Defnyddiwch eich syniadau ar gyfer y dasg ymarferol ar y dudalen nesaf.

Gwaith ymarferol: Chwarae Rôl

SIOE SIARAD

Mewn grwpiau:

- Y nod yma yw efelychu arddull rhaglenni teledu megis Jerry Springer, Jeremy Kyle, Trisha ac ati.
- Bydd angen i un aelod o'r dosbarth gyflwyno'r sioe. Bydd angen sgiliau holi da a llais clir ar y cyflwynydd.
- Dewiswch gymeriadau o'r ddrama a allai ddadlau o blaid neu yn erbyn bywyd cefn gwlad e.e.

    Martha   Jac   Sianco   Wil Tyddyn Gwyn
    Emyr y niws   Judy   Plant Judy?

- Gellir ychwanegu cymeriadau eraill o'r ddrama hefyd.
- Neu beth am gyflwyno cymeriadau eraill a gysylltir â chefn gwlad? e.e. Dai Jones, Gerallt Pennant, Dei Tomos, Daloni Metcalfe, Brychan Llŷr, Ffarmwr Ffowc!
- Gellir ffilmio neu recordio'r rhaglen ac wrth edrych yn ôl / gwrando arno gellir gwerthuso pa mor dda y defnyddiwyd tystiolaeth o'r ddrama.

Darllen Pellach

- Mae llawer o lenyddiaeth wedi ei ysgrifennu am gefn gwlad.
- Dewiswch ddarnau o'r rhestr ganlynol i'w darllen:

    'Yr Ocsiwn' gan Hafina Clwyd

    'Ble mae Chernobyl' gan J. Eirian Davies (Cyfrol *Sbectol Inc*)

    O'r gyfrol *Symudliw* gan Annes Glynn:

    'Ar Werth' (tud 28), 'Iaith y Farchnad' (tud 29), 'Dychwelyd' (tud 32).

    Y ddrama *Hen Blant* gan Meic Povey (tud 102-3)

THEMÂU

THEMA: DYGYMOD Â MARWOLAETH

"Taith sgytwol i'r tir marw" yw teitl Elinor Wyn Reynolds ar ei hadolygiad o'r nofel *Martha Jac a Sianco*.

> **Meddai Caryl Lewis:**
> "Pan o'n i'n ifanc, oedd deryn yn curo ar ffenestr yn arwydd bod rhywun yn mynd i farw. Falle fan hyn bod yr hen ffermydd traddodiadol am farw, dw i ddim yn gwybod."

Cawn ddarlun o'r un gymdeithas yn awdl Ceri Wyn Jones 'Gwaddol'.

Detholiad o 'Gwaddol':

CLEC!
Adlef. Bref. Bolltia'r brain.
Gwrychoedd yn sgathru-sgrechain.
Beudy yn diasbedain.

Mae'r eco yn staenio'r stên
i'w glywed yn y gleien,
yn llenwi y feillionen.

Uwch ffermydd llonydd gerllaw,
awel y dryll a eilw draw
yn ddi-osteg o ddistaw.

Os clywodd John Cilbronne,
yn ddi-hid y clywodd e'r
baril yn hollti'r bore

Clywodd ei fam – heb amau,
ac, i guriad cleciadau
ei gweill, aeth ymlaen â'i gwau...

Mae'n galw'i enw,
heb nêb i'w ateb, nes daw o'r cytiau

THEMÂU

> ddysenni, dysenni o atseiniau'n
> gwatwar yr alwad gwter-i-waliau.
> Yn ei methiant mae hithau'n agor drws
> i encil y storws o'r clos dieiriau.
>
> Gwêl fudandod gweddill ei diwrnodau
> Yn y gwellt oer wrth yr hen gylltyrau:
> Agorwyd rhych hyd gweryd yr achau,
> A lle bu'r llafur heuwyd hunllefau.
> Yn ei waed cronna'r hadau; – a gwêl hon
> glwy ei chalon ar wyngalch y waliau.

Ymddangosodd ffilm yn darlunio'r awdl hon yn dilyn Eisteddfod Meirion a'r Cyffiniau yn y Bala ym 1997, lle'r enillodd y gadair.

Detholiad o 'Gweddw', gan Sonia Edwards o'r gyfrol *Y llais yn y llun*:

> Dydi o'n ddim byd rŵan
> Ond hen honglad o dŷ
> Yn gollwng ei atgofion yn gyndyn
> Trwy'r craciau yn ei gragen.
>
> Mae hi'n galaru drosto –
> Yr hen le 'ma
> Sy'n darfod ar ei draed
> Fel hen ffrind wedi colli'i bwyll
> A'i lygaid yn wag.

THEMÂU

Darllen Pellach

- Mae gwybodaeth ddefnyddiol iawn am sut i ymdopi â newid a cholled mewn llyfr newydd a gyhoeddwyd ar y cyd rhwng Y Lolfa a NSPCC sef *Hyrwyddo Diogelwch Personol trwy ABCh, Uned 7*.
- Gellwch ddarllen hefyd ddetholiad o *Hen Blant* gan Meic Povey o dudalen 107 (cynnig y botel) – hyd at dop 109 "Dwi di gneud hynny fedra i". Mae'r detholiad hwn yn ogystal yn darlunio marwolaeth.

Tasgau Creadigol

Ysgrifennu
Ar ôl i berson farw, gwelir ysgrif goffa amdano mewn papur newydd. Dychmygwch beth fuasai cynnwys ysgrif goffa Jac neu Sianco'r Graig-ddu. Lluniwch ysgrif goffa i'r naill neu'r llall.

Neu
Lluniwch Flog Coffa fel y gwnaeth Lyn Lewis Dafis i Alun Creunant Davies.

Llafar
Trafodwch sut y bydd Martha'n dygymod â cholli Jac a Sianco. Ydy hi'n berson digon cryf i wynebu bywyd wedi'r fath golled? I ba gyfeiriad y bydd ei bywyd hi'n datblygu ac ystyriwch y newidiadau yn ei bywyd?

THEMÂU

THEMA: OFN

Yn y ddrama *Yn Debyg Iawn I Ti A Fi* gan Meic Povey ceir y monologau canlynol gan y cymeriad Derec sy'n dioddef o Sgitsoffrenia:

> Gorwadd yn 'y ngwely, disgwyl i Mam ddwad adra. Hen ofna' o 'nghwmpas i gyd: ofn y medra darn o edafedd sy'n hongian o lawas cot ar gefn cadair fod yn galad, yn galad a miniog fel nodwydd; ofn fod y botwm ar 'yn byjamas i yn fwy na 'mhen i; ofn y bydd y briwsionyn sy'n disgyn o 'ngwely yn taro'r llawr a malu'n deilchion fel darn o wydr; ofn y medra'r llythyr sydd wedi 'i agor gynnwys rwbath na ddyla neb 'i weld, rwbath ofnadwy o werthfawr sy'n amhosib i'w guddio; ofn llyncu clap o lo ddisgynnodd o'r tân taswn i'n disgyn i gysgu; ofn y medra'r rhif saith dyfu yn 'y mhen i, nes na fydda lle i ddim arall!
>
> Ofn bradychu fy hun… a chyfadda popeth sy'n codi ofn arna i – a 'wrach methu yngan gair achos bod popeth wedi'i ddeud…

Meddai Caryl Lewis

"Sianco yw un o'r cymeriadau mwyaf cymhleth. Mae yna ddiniweidrwydd ynddo ond eto – mae'n medru rhesymu a gweithredu'n gyflym."

- Cymharwch y sylw hwn am Sianco gyda phortread Meic Povey o Derec uchod.

Ysgrifennu

Ysgrifennwch fonolog ar gyfer Sianco.

THEMÂU

Casglu gwybodaeth

- Ceir sawl cyfeiriad at ofergoeliaeth yn *Martha Jac a Sianco* e.e. tudalen 116: clywed y gwcw.
- Allwch chi feddwl am ofergoelion eraill? Rhestrwch hwy.

Ysgrifennu stori

- Defnyddiwch y llinell: "Ma fe'n lladd saith gwaith" fel sbardun i stori.

THEMÂU

THEMA: CARIAD

Mae sawl math gwahanol o gariad a pherthynas yn *Martha Jac a Sianco* e.e.

- teulu
- dau frawd a chwaer
- Jac a Judy
- Martha a Gwynfor.

Trafod

Sut berthynas sydd gennych chi gyda eich brawd neu eich chwaer?

Trafod ac Ysgrifennu

- Darllenwch ddrama Meic Povey *Diwedd Y Byd* (tudalen 24 -7) a darnau o'r nofel *Martha Jac a Sianco* sy'n dangos perthynas y brodyr a'r chwaer â'i gilydd.
- Nodwch yn fyr bethau sy'n debyg neu'n wahanol yn y ddau ddarn. Cymharwch dri pheth.
- Gallwch roi sylw i'r iaith a'r arddull yn ogystal.

THEMÂU

Darllenwch y gerdd 'Pellhau' gan Gerwyn Williams yn y gyfrol *Sbectol Inc*.

Pellhau
Erbyn hyn
mae'n bantomeim dy weld ar y stryd.
Greddf yn f'annog i dorri gair.
Arferiad yn fy hudo i gyffwrdd.
Ond plismon o reswm yn dweud y drefn.
Yngan y cyfarchiad swyddogol
a stumio'r wên blastig.
Ac yna ffurfioldeb
cynamserol y pellhau:
gorfod cefnu dan faglu
er mwyn cael cyrraedd
yr act nesaf.

Neu fel dau
yn taro ar ei gilydd
ynghanol tyrfa pêl-droed
ond cerrynt y dorf
yn eu hynysu,
eu hysgaru
cyn cael dweud dim o bwys,
a'r geiriau yn dalpiau
yn rhewgell y cof.

Pellhau heb oedi
i ymddiddori neu ymhelaethu.

Pellhau
am na chefnogwn mwyach
yr un tîm.

Gerwyn Williams

THEMÂU

Darllenwch y darn hwn o'r nofel (tud 178-80) lle mae Martha'n dod i delerau â'r ffaith iddi orffen ei pherthynas â Gwynfor. Mae'r ddau'n cyfarfod mewn caffi yn y dre.

"Martha, ma'n ddrwg 'da fi am eich brawd; gobeithio'i fod e'n well."
"Ma fe'n gwella, diolch."
"Neithen i alw... ond chi'n gwbod fel ma hi."
"Dwi'n gwbod yn iawn fel ma pethe."
Edrychai Martha'n syth i mewn i'w lygaid. Dyma'r tro cynta iddi wneud y fath beth ac fe deimlai Gwynfor ei hun yn lleihau'n fach, fach.
"Martha."
Daeth y ferch draw â'i de. "Anything else?"
"Na... No, thank you."
Troiodd honno am nôl.
Roedd Gwynfor yn ymbalfalu am eiriau fel petai'n ceisio eu pigo mas o sach heb wybod beth oedd y tu fewn.
"Fan hyn gwrddon ni gynta, on'tefe?"
Nodiodd Martha.
"Ma'n ddrwg 'da fi, Martha. Ddim fel hyn roedd pethe i fod. Ro'n i'n mynd i ddod nôl wedyn ond, wel, ro'dd hi'n rhy hwyr."
"A shwt ma'ch gwraig a'r un bach?"
Roedd Martha wedi anelu'i chwestiwn yn dda; ac fe fwrodd Gwynfor fel pêl galed a'i gwympo fel sgitl.
"M... m... ma nhw'n iawn, diolch."
"Does dim byd 'da chi fod yn ddrwg amdano fe. Fy mai i oedd y cyfan, yn pallu gadael y ffarm, a nawr ma hi'n rhy hwyr."
Dyma'r datganiad mwya gonest oedd wedi cael ei wneud rhwng y ddau erioed.
Nodiodd Gwynfor ei ben.
"Galle pethe wedi bod yn wahanol, and ma 'da fi ddau frawd i edrych ar eu hôl nhw nawr, a ma 'da chithe ddau – y wraig a phlentyn."
Doedd Gwynfor heb gyffwrdd â'i de. "Do'n i erioed 'di meddwl bydden i'n dad yn 'yn oedran i.'
"Fel'na mae pethe'n gweithio weithie."
"Un munud ro'n i jest yn galw, munud nesa ro'n i'n briod."
"Ffawd, falle."
"Falle."
"Ond'na fe, ry'ch chi'n ddyn cyfoethog, ffarm 'ch hunan a digon o arian."
Allai Martha ddim peidio â rhyw led awgrymu ei fod wedi cwmpo i'r un trap â Jac.
Oedodd Gwynfor gan edrych ar ei ewinedd. "Merch fach yw hi, un bert 'fyd, tywyll i gyd. Dwi'n 'i haddoli hi."

THEMÂU

> "A'r wraig? Chi'n dod mla'n yn go lew, 'ych chi?"
> "Dyw hi ddim yn..."
> "Shhh, byddwch ddistaw, Gwynfor. Ddylwn i ddim bod 'di gofyn."
> "Ddim fel..."
> "Shhh."
> Aeth munud heibio.
> "A shwt ma'r piano?"
> "Iawn, diolch."
> "Chi'n whare?"
> "Odw, bob nos," wedodd Martha gan adael i'r celwydd redeg oddi ar ei thafod. Doedd hi ddim yn gwybod pam roedd hi'n dweud celwydd. Rhywbeth i wneud â balchder, siŵr o fod, ond hefyd roedd hi eisiau iddo ddychmygu, pan fyddai e yng nghanol bwrlwm a sŵn ei deulu newydd, amdani'n eistedd yno'n chwarae darnau piano prydferth.

Trafodwch

- Beth sy'n cael ei awgrymu gan Gwynfor yn yr olygfa uchod? Yna cymharwch y berthynas sy'n bodoli bellach rhwng Gwynfor a Martha a'r berthynas sydd rhwng y ddau yn y gerdd 'Pellhau'.

Ysgrifennu Creadigol

- Dychmygwch mai chi yw Martha yn ysgrifennu llythyr ar ddiwedd y nofel yn sôn am ei pherthynas gyda Gwynfor ac esbonio pam y gwnaeth y ddau ymwahanu a phellhau.
- At bwy fuasai hi'n cyfeirio'r llythyr?
- Be fuasai hi'n ei ddweud ynddo?

EDRYCH AR Y NOFEL – EI CHYMHARU Â DRAMÂU

Detholiad o *Martha Jac a Sianco* (tud 80-2)

Daeth sŵn cerbyd i'r clos. Roedd rhywun yna. Sychodd Martha ei dwylo, rhoi'r piser o gawl ar y stof, rhoi'r caead arno, gyda'r cennin yn troi fel llygaid ar wyneb y stoc. Disgwyliodd gnoc ar y drws.

"Bip, bip!"

Corn car. Edrychodd Martha ar y cloc. Roedd hi braidd yn gynnar i'r becer a fyddai'n galw bob wythnos. Aeth at y drws a cherdded allan i'r clôs lle'r oedd cerbyd 4x4 – un anferth sgleiniog newydd. Edrychodd eto i weld pwy oedd ynddo. Daeth llais o sedd y pasinjer.

"What do you think then, Martha?"

Judy â'i llygaid yn gwenu. Diffoddodd Jac yr injan, agor y drws a chamu mas.

"Peidwch â dechre, 'na gyd weda i."

Edrychodd Martha arno. Daeth Sianco o rywle â'r ddau stribyn o bapur toiled yn dal i hongian o'u glustiau. Roedd Bob yn neidio o'i gwmpas yn edrych i fyny arnyn nhw'n chwifio yn y gwynt ac yn cyfarth.

"Ond…" dechreuodd Martha.

"Sa i 'di cal dim byd fel hyn o'r blan a ni ddim yn mynd tamed yn ifancach. Bygyr it weda i."

Roedd Sianco'n cerdded o gwmpas y cerbyd gan wenu. Mentrodd gyffwrdd â'r paent arian gydag un bys. Tynnodd ei law yn ôl fel petai'r metel yn borpoeth cyn cyffwrdd ag e eto. Roedd wyneb Martha'n hir dan straen.

"Ond allwn ni ddim fforddio…"

"Wel ni wedi a 'na ddiwedd arni. Ma hawl gan ddyn fwynhau ei hunan ambell waith a dwi'n heiddi bach o comforts ar ôl yr holl waith caled 'ma."

"Beth am yr holl bethe sydd ise'u gneud ar hyd y lle 'ma? Ma'r parlwr godro yn cwmpo'n bishys ac ma angen tractor newydd yn druenus!"

Daeth Jac drwyn yn drwyn â hi. "I beth, Martha, ma angen newid pethe fel'na? I beth? Fydd dim un ohonon ni 'ma'n hir eniwe, man a man enjoio weda i."

Roedd Judy'n dringo allan o'r ochr arall.

"Ond ma'r hen gar 'da chi o hyd?" meddai Martha wrth i Jac gerdded heibio tuag at y tŷ. Troiodd hwnnw ac edrych arni.

"This is so much more suitable for Jac don't you think? And my son just loves Jac's old car. He's 17 next week, and it's such a great present for him."

"Ond Jac, shwt af i i'r dre i neud y negeseuon? Alla i byth â dreifio honna,

CYMHARU

ma hi'n ormod o glorwth a ma 'ngefen i..."

Edrychodd Jac ar Judy.

"Bydd rhaid i Judy hebrwng chi, 'na gyd."

"Beth?"

"Eith Judy i mewn â chi bob wythnos. Peidwch â neud môr a mynydd o bethe nawr, er mwyn Duw."

"Ond beth sydd ise rhywbeth fel hyn arnon ni, Jac? Dy'n ni ddim yn mynd i unman, odyn ni?"

"Falle ddim, ond ma Judy yn mynd o bwyti."

Troiodd ei gefn ac aeth Judy ar ei ôl am y tŷ. Roedd Sianco'n edrych i mewn i gefn y cerbyd drwy'r ffenestr. Roedd y paent yn edrych mor lân yn erbyn wal y beudy. Edrychodd Sianco ar Martha a gwenu.

Detholiad o *Saer Doliau*, Gwenlyn Parry

MERCH: Dwy bron â chredu bod y gwaith yma'n ormod o faich i chi, Ifans.

IFANS: (yn dal i fustachu) Wel... wel, ma...ma dipyn o waith i'w wneud, cofiwch. O oes... ma dipyn.

MERCH: A'i bod hi'n hen bryd i chi gael rhywun yma i'ch helpu chi!

IFANS: (yn gollwng y bocs mewn syndod) I f'helpu i... be da chi'n feddwl? Ylwch yma Miss... dwy ddigon bodlon cydnabod bod y gwaith yn drwm, ond wela i ddim bod isio... Diawch, mi faswn i'n gallu lygio rhain ag un fraich ond bod yr hen darth bore ma wedi ffeithio dipyn ar y fegin wrth i mi... Brensiach y bratia, ddynas, ma'... ma'...ma'r gwaith yma'n waith delicet, wyddoch chi... nid pawb fedar wneud gwaith fel hyn... ma' fo wedi cymryd oes gyfa i mi ddysgu, a...a...fasa' rhywun arall dim ond yn gwneud stomp o betha! Cawlio'r cwbwl i gyd.

MERCH: (yn cerdded i gefn y llwyfan ac yn edrych ar grŵp o ddoliau carpiog, du sydd ar silff mewn un gornel): Ydi'r doliau duon yna i fod yn y gornel damp yna?

IFANS: (Yn cerdded ar ei hôl): A... a... a pheth arall, ma'r lle 'ma wedi bod yn perthyn i'r teulu ers blynyddoedd - ers canrifoedd! Fedrwch chi ddim caniatáu i ryw betha ifanc, dibrofiad, ymhél â gwaith fel hyn.

CYMHARU

Darllenwch y detholiadau uchod gan gymharu'r ddau ddarn o safbwynt cymeriadau a themâu

Ysgrifennu Creadigol

- Defnyddiwch y detholiad o Saer Doliau fel sail i waith ysgrifennu creadigol, gan roi sylw i'r modd mae Merch ac Ifans yn dadlau â'i gilydd.

- Yna, lluniwch sgwrs rhwng Judy a Jac wrth iddi hi ei berswadio i brynu 4x4, rhoi'r hen gar i'w mab hi yn ogystal â gwneud newidiadau eraill ar y fferm – er ei budd hi wrth gwrs. Gall Jac, heb yn wybod iddo fod yn ymwybodol o beth fyddai adwaith Marged i hyn oll, ond wrth gwrs mae Judy yn llwyddo i'w dwyllo.

Darllenwch y detholiad hwn o *Tŷ ar y Tywod* gan Gwenlyn Parry

GŴR Y FFAIR:	Does dim rhaid i ti fod fy ofn i… dw i'n ddyn rhesymol iawn… Yn amyneddgar… bob amser yn barod i ystyried bob ochor i broblem… i bwyso a mesur… Dyna ti (Mae'n taflu sigarét iddo ond y mae Gŵr y Tŷ yn ei gadael i ddisgyn i'r llawr). Mae yna derfyn ar fynadd Job hefyd cofia (Dywed hyn heb godi ei lais. Cyfyd y sigarét o'r llawr a'i dal dan drwyn Gŵr y Tŷ). Rho honna yn dy geg!
GŴR Y TŶ:	'Wi … 'Wi ddim yn smocio.
GŴR Y FFAIR:	(Y said hir o ddistawrwydd): Dwi'n trio ngora glas hefo chdi… o ydw… cofia di hynna… (Mae'n tanio sigarét ac yn cerdded o gwmpas yr ystafell)… ac edrych ar y lle yma. Welis i ffasiwn olwg yn 'y mywyd erioed. (Mae'n cerdded at un o'r postiau) … a be ydi hwn… ? (Yn dechra ei guro a'i ddwrn).
GŴR Y TŶ:	Cymrwch … plîs cymrwch ofal.
GŴR Y FFAIR:	Pam? Rhag i'r to ddwad ar 'n penna ni … 'Ti ddim yn meddwl bod y mil 'dwi wedi gynnig i ti am y lle yn fwy na'i werth o ? (Nid yw Gŵr y Tŷ yn edrych arno hyd yn oed… Gwranda, beth petawn i'n codi'r pris bum cant arall… y?… be' ti'n feddwl o hynna? … (Mae'n tynnu bwndeli o arian allan o'i boced)… Mil a hannar!…
	(Mae'n eu taflu ar y bwrdd heb fod nepell o Gŵr y Tŷ ac y mae hwnnw'n troi i edrych ar yr arian gyda rhyw fflach hiraethus yn ei lygaid. Mae Gŵr y Ffair yn sylwi ar ei

CYMHARU

ddiddordeb - mae'n tynnu papur swyddogol yr olwg allan o'i boced gesail.)

... Ffortiwn o fewn dy gyrraedd di ond i ti seinio hwn... (Mae'n dal y papur o dan drwyn Gŵr y Tŷ ac yn cynnig ei ysgrifbin iddo) Rŵan 'ta weli di'r lle gwag cynta yna? ... rho enw'r lle ma fa 'na, beth bynnag ydi o... a wedyn ar y gwaelod... torri dy enw dy hun... mi fydd y fargan wedi 'i selio... Fi fydd pia'r sianti 'ma... a chdi fydd pia'r bwndal arian yna... Diawch mi fedri di brynu semi-detached bach solat tua Lerpwl ne rwla felly... (Mae Gŵr y Tŷ yn edrych yn feddylgar at y ddelw) ...

DELW*: Yn gwmni i'n gilydd am byth...

*Gan mai'r ddelw sydd ar y llwyfan yn awr dim and llais yn unig a glywir.

GŴR Y FFAIR: Tyrd – 'nei di byth ddyfaru...

DELW*: Dim and ti a fi...

GŴR Y FFAIR: Chei di byth gynnig fel hyn eto cofia.

DELW*: Yn hwylio'r San Meri Ann rownd y trwyn .

GŴR Y TŶ: I le na roddodd dyn ei droed...

GŴR Y FFAIR: Y?

GŴR Y TŶ: A chydio dwylo...

GŴR Y FFAIR: Am be ti'n falu... ?

GŴR Y TŶ: (Wrth Gŵr y Ffair) : Alla i ddim!

GŴR Y FFAIR: Be ti'n feddwl elli di ddim?

GŴR Y TŶ: Fan hyn rwy'n aros... Fydd y nosweithiau hirion ddim yn unig bellach. Na'r machlud yn gwasgu na'r cysgodion yn mygu.

GŴR Y FFAIR: Ond os na werthi di rŵan mi fyddi di a'r lot i gyd wedi sincio i'r tywod 'mhen chydig o flynyddoedd – 'sgin ti ddim seiliau boio...

(Mae'n dechrau neidio i fyny ac i lawr) ... ddim seiliau... drycha... ma'r lle yn crynu fel blomonj yn barod... drycha. (Mae'r holl ystafell yn awr yn crynu'n swnllyd).

GŴR Y TŶ: (Yn edrych yn bryderus at y ddelw wrth ei gweld yn gwegian yn beryglus) Peidiwch... peidiwch rhag ofn . . .

CYMHARU

Gweithgareddau

- Ail ddarllenwch y detholiad o *Martha Jac a Sianco* a'r detholiad uchod o'r ddrama *Tŷ ar y Tywod*.
- Gellwch ddarllen yn ogystal eiriau Gŵr y Ffair ar dudalen 41 "Nid yn amal y bydda i'n gadal y Ffair 'na… " hyd at waelod tudalen 42 "A dal fy nhir beth bynnag fydd yn digwydd…"

Ysgrifennu Creadigol

- Defnyddiwch y darlleniadau uchod fel sail i waith ysgrifennu creadigol.
- Dychmygwch mai chi yw Martha ar ddiwedd y ddrama ac mae arwerthwr yn galw i'ch gweld chi i geisio'ch perswadio i werthu Graig-ddu.
- Yna, lluniwch y ddeialog rhwng y ddau. Gallwch gynnwys trydydd cymeriad e.e. llais cydwybod "Mami" neu adleisiau o linellau gan y cymeriadau eraill.

Dadleuon yr arwethwr **dros** werthu'r Graig-ddu:

_____
_____
_____
_____
_____
_____
_____
_____
_____
_____

Dadleuon Martha **dros beidio â** gwerthu'r Graig-ddu:

_____
_____
_____
_____
_____
_____
_____
_____
_____
_____

HEFYD YN Y GYFRES

Hi Yw Fy ffrind
Sgript a Gweithgareddau

Sgript: Dafydd Llewelyn
Gweithgareddau: Lowri Cynan

Mewn Limbo
Sgript a Gweithgareddau

Sgript: Gwyneth Glyn
Gweithgareddau: Lowri Cynan

I Dir Neb
Sgript a Gweithgareddau

Sgript: Rhiannon Wyn
Gweithgareddau: Catrin Jones

y Lolfa

www.ylolfa.com